Teoria Crítica
nas Organizações

Dados Internacionais de Catalogação na Publicação (CIP)
(Câmara Brasileira do Livro, SP, Brasil)

Paula, Ana Paula Paes de
 Teoria crítica nas organizações / Ana Paula Paes de Paula. — São Paulo : Cengage Learning, 2008. — (Coleção debates em administração)

 Bibliografia.
 ISBN 978-85-221-0611-0

 1. Administração 2. Escola de Frankfurt de Sociologia 3. Organizações 4. Teoria crítica I. Título. II. Série.

07-8640   CDD-658.001

Índices para catálogo sistemático:
1. Organização : Teoria crítica : Administração
 658.001
2. Teoria crítica nas organizações : Administração   658.001

COLEÇÃO DEBATES EM ADMINISTRAÇÃO

Teoria Crítica nas Organizações

Ana Paula Paes de Paula

Coordenadores da coleção
Isabella F. Gouveia de Vasconcelos
Flávio Carvalho de Vasconcelos
André Ofenhejm Mascarenhas

Austrália • Brasil • México • Cingapura • Reino Unido • Estados Unidos

| Teoria Crítica nas Organizações | © 2008 de Cengage Learning Edições Ltda. |

Ana Paula Paes de Paula

Gerente Editorial: Patricia La Rosa

Editora de Desenvolvimento: Ligia Cosmo Cantarelli

Supervisor de Produção Editorial: Fábio Gonçalves

Supervisora de Produção Gráfica: Fabiana Alencar Albuquerque

Copidesque: Fernanda Botallo

Revisão: Sueli Bossi, Raquel Maygton Vicentini

Composição: ERJ – Composição Editorial e Artes Gráficas Ltda.

Capa: Eliana Del Bianco Alves

Todos os direitos reservados.
Nenhuma parte deste livro poderá ser reproduzida, sejam quais forem os meios empregados, sem a permissão, por escrito, da Editora. Aos infratores aplicam-se as sanções previstas nos artigos 102, 104, 106 e 107 da Lei nº 9.610, de 19 de fevereiro de 1998.

Esta editora empenhou-se em contatar os responsáveis pelos direitos autorais de todas as imagens e de outros materiais utilizados neste livro. Se porventura for constatada a omissão involuntária na identificação de algum deles, dispomo-nos a efetuar, futuramente, os possíveis acertos.

A editora não se responsabiliza pelo funcionamento dos links contidos neste livro que possam estar suspensos.

Para informações sobre nossos produtos, entre em contato pelo telefone
0800 11 19 39

Para permissão de uso de material desta obra, envie seu pedido para
direitosautorais@cengage.com

© 2008 Cengage Learning. Todos os direitos reservados.

ISBN-13: 978-85-221-0611-0
ISBN-10: 85-221-0611-8

Condomínio E-Business Park
Rua Werner Siemens, 111
Prédio 11 – Torre A – Conjunto 12
Lapa de Baixo
CEP 05069-900
São Paulo – SP
Tel.: (11) 3665-9900
Fax: (11) 3665-9901
SAC: 0800 11 19 39

Para suas soluções de curso e aprendizado, visite
www.cengage.com.br

Impresso no Brasil
Printed in Brazil

apresentação

Debates em Administração

> E o fim de nosso caminho será voltar
> ao ponto de partida e perceber o mundo
> à nossa volta como se fosse a primeira vez
> que o observamos.
>
> T. S. Elliot *(adaptação)*

O conhecimento transforma. A partir da leitura, vamos em certa direção com curiosidade intelectual, buscando descobrir mais sobre dado assunto. Quando terminamos o nosso percurso, estamos diferentes. Pois o que descobrimos em nosso caminho freqüentemente abre horizontes, destrói preconceitos, cria alternativas que antes não vislumbrávamos. As pessoas à nossa volta permanecem as mesmas, mas a nossa percepção pode se modificar a partir da descoberta de novas perspectivas.

O objetivo desta coleção de caráter acadêmico é introduzir o leitor a um tema específico da área de administração, fornecendo desde indicações para a compreensão do assunto até as fontes de pesquisa para aprofundamento.

Assim, à medida que for lendo, o leitor entrará em contato com os primeiros conceitos sobre dado tema, tendo em vista diferentes abordagens teóricas, e, nos capítulos posteriores, brevemente, serão apresentadas as principais correntes sobre o tema – as mais importantes – e o leitor terá, no final de cada exemplar, acesso aos principais artigos sobre o assunto, com um breve comentário, e indicações bibliográficas para pesquisa, a fim de que possa continuar a sua descoberta intelectual.

Esta coleção denomina-se **Debates em Administração**, pois serão apresentadas sucintamente as principais abordagens referentes a cada tema, permitindo ao leitor escolher em qual se aprofundar. Ou seja, o leitor descobrirá quais são as direções de pesquisa mais importantes sobre determinado assunto, em que aspectos se diferenciam em suas proposições e logo qual caminho percorrer, dadas suas expectativas e interesses.

Debates em Administração deve-se ao fato de que os organizadores acreditam que do contraditório e do conhecimento de diferentes perspectivas nasce a possibilidade de escolha e o prazer da descoberta intelectual. A inovação em determinado assunto vem do fato de se ter acesso a perspectivas diversas. Portanto, a coleção visa suprir um espaço no mercado editorial relativo à pesquisa e à iniciação à pesquisa.

Observou-se que os alunos de graduação, na realização de seus projetos de fim de curso, sentem necessidade de bibliografia específica por tema de trabalho para adquirir uma primeira referência do assunto a ser pesquisado e indicações para aprofundamento. Alunos de iniciação científica, bem como executivos que voltam a estudar em cursos *lato sensu* – especialização – e que devem ao fim do curso entregar um trabalho, sentem a mesma dificuldade em mapear as principais correntes que tratam de um tema importante na área de administração e encontrar indicações de livros, artigos e trabalhos relevantes na área que possam servir de base para seu trabalho e aprofundamento de idéias. Essas mesmas razões são válidas para alunos de mestrado *strictu sensu*, seja acadêmico ou profissional.

A fim de atender a esse público diverso, mas com uma necessidade comum – acesso a fontes de pesquisa confiáveis, por tema de pesquisa – surgiu a idéia desta coleção.

A idéia que embasa **Debates em Administração** é a de que não existe dicotomia teoria-prática em uma boa pesquisa. As teorias, em administração, são construídas a partir de estudos qualitativos, quantitativos e mistos que analisam e observam a prática de gestão nas organizações. As práticas de gestão, seja nos estudos estatísticos ou nos estudos qualitativos ou mistos, têm como base as teorias que buscam compreender e explicar essas práticas. Por sua vez, a compreensão das teorias permite esclarecer a prática. A pesquisa também busca destruir preconceitos e "achismos".

Muitas vezes, as pesquisas mostram que nossas opiniões preliminares ou "achismos" baseados em experiência individual estavam errados. Assim, pesquisas consistentes, fundamentadas em sólida metodologia, possibilitam uma prática mais consciente, com base em informações relevantes.

Em pesquisa, outro fenômeno ocorre: a abertura de uma porta nos faz abrir outras portas, ou seja, a descoberta de um tema, com a riqueza que este revela, leva o pesquisador a desejar se aprofundar cada vez mais nos assuntos de seu interesse, de maneira contínua e consciente de que aprender é um processo, uma jornada, sem destino final.

Pragmaticamente, no entanto, o pesquisador, por mais que deseje aprofundamento no seu tema, deve saber em que momento parar e finalizar um trabalho ou um projeto, que constituem uma etapa de seu caminho de descobertas.

A coleção **Debates em Administração**, ao oferecer o "mapa da mina" em pesquisa sobre determinado assunto, direciona esforços e iniciativa e evita que o pesquisador iniciante perca tempo, pois, em cada livro, serão oferecidas e comentadas as principais fontes que permitirão aos pesquisadores, alunos de graduação, especialização, mestrado profissional ou acadêmico produzirem um conhecimento consistente no seu âmbito de interesse.

Os temas serão selecionados entre os mais relevantes da área de administração.

Finalmente, gostaríamos de ressaltar o ideal que inspira esta coleção: a difusão social do conhecimento acadêmico. Para tanto, acadêmicos reconhecidos em nosso meio e que mostraram excelência em certo campo do conhecimento serão convidados a difundir esse conhecimento para o grande público. Por isso, gostaríamos de ressaltar o preço acessível de cada livro, coerente com o nosso objetivo.

Desejamos ao leitor uma agradável leitura e que muitas descobertas frutíferas se realizem em seu percurso intelectual.

Isabella F. Gouveia de Vasconcelos
Flávio Carvalho de Vasconcelos
André Ofenhejm Mascarenhas

SUMÁRIO

Introdução XI

1. A Escola de Frankfurt 1

2. Do Pós-Estruturalismo ao Neo-Humanismo 21

3. Estudos Organizacionais Críticos em uma Perspectiva Comparada: o Movimento *Critical Management Studies* e a Produção Nacional 37

4. Guerreiro Ramos – Resgatando o Pensamento de um Fenomenólogo Crítico das Organizações 63

5. Maurício Tragtenberg – Contribuições de um Marxista Anarquizante para os Estudos Organizacionais Críticos 89

Conclusão 111

Bibliografia Comentada 113

Referências Bibliográficas 121

introdução

A escolha pela perspectiva crítica não pode ser considerada fácil, pois envolve abandonar o mundo seguro do funcionalismo, no qual as pesquisas geram hipóteses e modelos teóricos derivados do trabalho empírico, para abraçar a incerteza e a produção de um conhecimento que o próprio pesquisador pode questionar em um outro momento, exercitando o que chamamos de reflexividade, ou seja, colocando à prova as conclusões e resultados a que se chegou. Assim, é fundamental algum grau de maturidade do pesquisador para lidar com essas ambivalências e também a consciência de que ser crítico implica buscar uma identidade intelectual, pois a autonomia é uma de suas características distintivas. Por outro lado, a perspectiva crítica envolve leituras desafiantes, bem como conhecimento de filosofia, o que à primeira vista pode parecer uma barreira, embora na realidade nada mais seja do que uma questão de domínio de uma linguagem e de um repertório de definições básicas que nos permitam caminhar dentro dos textos para, depois, assumir nossa própria voz.

Uma das primeiras dificuldades com as quais um crítico vai lidar é com o próprio conceito de crítica. Em um debate recente, alguns estudiosos internacionais da perspectiva crítica, como Boje et al. (2001) concordam que é extremamente difícil dizer o que é a crítica e o que é um trabalho crítico, de modo que se isentam de fazer definições mais precisas a respeito. Sem dúvida, não é difícil concordar com eles, mas não acredito que seja produtivo continuar alimentando essa indefinição, pois, na verdade, ela acaba sendo uma estratégia para ocultar as oposições e as discordâncias que existem nesse campo. Não vejo outro caminho para evolução do conhecimento na área, senão trazer à luz essas diferenças: o risco é acirrar o debate e introduzir mais rachaduras no precário acordo que existe entre os estudiosos sobre o que é a própria crítica, talvez fragilizando ainda mais um grupo que já é marginal na academia, mas acho que esse é um processo de amadurecimento do qual não podemos nos furtar.

Quando se examinam os anais das conferências do *Critical Management Studies*, é possível constatar na pluralidade de temas apresentados pelos organizadores uma amplitude considerável para o conceito de crítica, de modo que, no limite, se considera crítico tudo aquilo que não é funcionalista. É compreensível o entusiasmo com a emergência de visões alternativas para o estudo do *management* e das organizações após anos de hegemonia funcionalista. Sem dúvida é possível situar a crítica e o interpretacionismo de um mesmo lado, em oposição ao funcionalismo. Burrell e Morgan (1979) realizam essa separação ao apresentarem os paradigmas sociológicos que podem orientar a análise organizacional, pois se baseiam na oposição entre objetividade e subjetividade, situando o funcionalismo e o estruturalismo radical no primeiro pólo e o humanismo radical (outra denominação que costuma ser dada para a crítica) e o interpretacionismo no segundo pólo.

Apesar das críticas que podemos fazer ao modelo apresentado por Burrell e Morgan, que de algum modo interpretam o complexo campo da teoria sociológica de uma forma reducionista, esse modelo oferece uma importante referência didática. Isso porque nos permite situar a dominância da perspectiva objetivista nos estudos organizacionais, que privilegiam abordagens funcionalistas, como o contingencialismo e o institucionalismo

(Caldas e Fachin, 2005). A perspectiva subjetivista, fundada na fenomenologia, na teoria crítica frankfurtiana e no existencialismo, recentemente vem ganhando espaço, especialmente no que diz respeito aos estudos de inspiração interpretacionista sobre temas como cultura e simbolismo, identidade, poder, emoção, relações de gênero, estética, espiritualidade, entre outros (Vergara e Caldas, 2005), que costumam se referir à subjetividade.

Embora a crítica e o interpretacionismo se situem no pólo da subjetividade, o próprio modelo de Burrell e Morgan aponta que a crítica está no domínio da mudança e da transformação radical da sociedade, enquanto o interpretacionismo se situa no campo da regulação social, ou seja, a crítica pressupõe um comprometimento com as possibilidades revolucionárias, enquanto o interpretacionismo se mantém no terreno do reformismo. Isso não quer dizer, no entanto, que não seja possível um "interpretacionismo crítico", mas que há sempre o risco de o interpretacionismo se limitar ao exame e à descrição de fenômenos, utilizando a etnografia de forma reducionista ao realizar análises sem retomar o contexto histórico e social no qual os atores estão se relacionando. Por outro lado, a diferenciação entre crítica e interpretacionismo insere uma perspectiva fundamental para a crítica, que é a questão da emancipação.

Nesse contexto, é importante ressaltar que os críticos enfatizam primordialmente a subjetividade, o sujeito e a ação. A dicotomia entre objetividade e subjetividade, que é fundamental para o entendimento da crítica, é simétrica à dicotomia entre objeto e sujeito e entre estrutura e ação. Segundo Reed (1996), a ênfase na estrutura implica salientar a importância dos padrões e relações externas que condicionam a interação social dentro de formas institucionais específicas, e a ênfase na ação significa uma busca de um entendimento da ordem social e organizacional que destaque as práticas sociais por meio das quais os indivíduos criam e reproduzem instituições.

O que é a crítica afinal? Buscando por definições possíveis, encontrei em uma conferência proferida por Foucault (1990) em 1978, intitulada *O que é a crítica?*, uma formulação que pode dar início à discussão que pretendo realizar neste livro. Para Foucault, a crítica é "a arte da inservidão voluntária, da indocilidade refletida"; em outras palavras, é uma atitude de resistência em relação à governamentalização que procura sujeitar os indivíduos. Na sua visão, essa definição não está muito longe da definição que Kant dá ao esclarecimento (*Aufklaerung*), ou à razão iluminista, que é a saída do homem do seu estado de menoridade, isto é, a sua superação da incapacidade de se servir de seu entendimento sem a direção de outrem ou o alcance de sua emancipação.

Considerando a questão da emancipação, não é difícil entender por que a crítica também pode ser identificada com o humanismo radical, já que é o humanismo, que nasce na Antigüidade entre os filósofos gregos e romanos e é resgatado no contexto do Renascimento, que considera o homem um sujeito autodeterminado, autoconsciente e autônomo, capaz de refletir sobre sua realidade e fazer as escolhas que moldarão o seu destino. Essa visão humanista vai ser partilhada por leitores de Hegel e de Marx, bem como pelas correntes fenomenológicas e existencialistas da filosofia, sendo o centro da visão moderna que cultiva a idéia de que a verdade ou a falsidade de um conhecimento se relaciona à efetividade da ação humana e de que o homem cria os valores morais com base no mundo que o circunda.

O conceito de crítica também está relacionado com o conceito de dialética no sentido marxista, que é baseado nas seguintes idéias (Konder, 1997): a) os processos de transformação são constituídos por períodos lentos, que acumulam pequenas alterações quantitativas, e por períodos de aceleração, quando ocorrem alterações qualitativas, ou seja, "saltos" e modificações radicais (lei da passagem da quantidade à qualidade); b) as coisas estão inter-relacionadas, e os aspectos da realidade entrelaçam-se em todos os níveis, quer dizer, nada pode ser compreendido isoladamente, e cada realidade tem sempre dois lados, que constituem uma unidade, mas que, em geral, são contraditórios (lei da interpenetração dos contrários); e c) toda afirmação pode ser negada, e a negação dessa afirmação também pode ser negada, de modo que a síntese da realidade é a negação da negação, podendo mesmo essa síntese ser revista (lei da negação da negação). Por intermédio da dialética marxista, exerce-se a crítica, a "arte da inservidão voluntária", colocando-se em questão as realidades que nos circundam continuadamente, ou seja, cada síntese a que se chega precisa estar sob constante questionamento.

No campo dos estudos organizacionais em uma perspectiva crítica, pesquisadores como Alvesson e Deetz (1999) vêm apontando a existência de duas vertentes para os estudos críticos: a teoria crítica e o pós-modernismo. Neste livro, pretendo demonstrar que as noções de crítica defendidas por essas vertentes são diferentes, e até mesmo opostas, pois a crítica pós-modernista, que vou tratar como crítica pós-estruturalista, por considerar o termo mais adequado, coloca em questão as características fundamentais da crítica defendida pelos teóricos críticos. Assim, no primeiro e no segundo capítulos, abordo a Escola de Frankfurt e o pós-estruturalismo para demonstrar suas principais características e as diferenças entre as visões de crítica defendidas por essas correntes.

Adianto que vou defender a perspectiva da teoria crítica em contraposição à perspectiva pós-estruturalista, que é mais conhecida como pós-moderna. Essa defesa é particularmente importante porque, no terceiro capítulo, pretendo evidenciar a originalidade e a autonomia dos estudos críticos em administração nacionais, que se inserem em uma perspectiva humanista radical, em relação ao movimento *critical management studies* europeu, que é predominantemente pós-estruturalista. Nesse capítulo, utilizo como base uma pesquisa realizada nos principais periódicos e congressos nacionais no período de 1980 a 2004, destacando o pioneirismo de Alberto Guerreiro Ramos e Maurício Tragtenberg nos estudos críticos nacionais. No quarto e no quinto capítulos, discuto detalhadamente o pensamento desses autores, evidenciando suas contribuições para o campo da crítica e abrindo, assim, um caminho de pesquisa para aqueles que pretendem seguir a corrente nacional de estudos críticos.

capítulo 1

A Escola de Frankfurt

Neste capítulo, discuto os antecedentes e as principais características da Escola de Frankfurt, destacando que esta se baseia em uma filosofia da consciência, isto é, na idéia de um sujeito autônomo capaz de decidir seu próprio destino. Também resgato os precursores da teoria crítica, como Karl Korsch, Georg Lukács e Ernst Bloch, demonstrando como estes estabeleceram as diretrizes teóricas que seriam seguidas por Max Horkheimer e outros membros da Escola de Frankfurt, como Theodor Adorno e Herbert Marcuse, e evidenciando como a teoria crítica surgiu de um confronto entre o positivismo e a dialética.

Em seguida analiso dois temas fundamentais para os frankfurtianos, o esclarecimento e a indústria cultural, destacando como a razão humana, em vez de levar à emancipação, degenerou, transformando-se em uma razão opressiva. Finalizando, faço considerações sobre o futuro da Escola de Frankfurt, abordando a segunda e a terceira gerações para defender uma restauração da filosofia da consciência de modo a construir uma nova visão de humanismo e apontando para a necessidade de renovar o compromisso da teoria crítica com a prática social e com as questões públicas.

ANTECEDENTES E PRINCIPAIS CARACTERÍSTICAS

De acordo com Bronner (1997) e Freitag (2004), a teoria crítica sempre expressou interesse pela abolição da injustiça social, além de um compromisso com a integridade e a liberdade do indivíduo, atacando a estrutura ideológica e institucional da opressão. Seu objetivo é promover a reflexividade e uma nova base para a práxis, que uniria teoria e prática, realizando as seguintes tarefas: uma oposição ao determinismo econômico e a qualquer teoria etapista da História, por meio da crítica ao "socialismo realmente existente"; e um resgate da relação entre o marxismo e a filosofia para fazer uma revisão das categorias marxistas e da teoria anacrônica da revolução inserida pela leitura que Lênin faz da obra de Marx, desnudando o que dificulta a prática revolucionária e o seu desfecho emancipatório.

Uma das bases da teoria crítica, bem como de todo marxismo ocidental, é a recuperação dos *Manuscritos econômico-filosóficos* de Karl Marx (2004) de 1844, que foram contrabandeados para fora do Instituto de Marxismo-Leninismo em 1932 com a ajuda de seu diretor David Rjazanov, que pagou com a vida por esse e outros atos de integridade intelectual. Nesses manuscritos, Marx acerta suas contas com Hegel, defendendo a perspectiva de transformação social e posicionando-se como um humanista e historicista por meio da crítica à economia política clássica, mas em uma perspectiva filosófica e sem o rigor científico demonstrado mais tarde em *O capital*. Estabelece-se assim uma oposição entre o "jovem Marx" filósofo dos *Manuscritos econômico-filosóficos* e o "velho Marx" economista e cientista de *O capital*, que alimenta uma polêmica entre os marxistas sobre a continuidade do pensamento do jovem e do velho Marx, possibilitando tanto leituras heterodoxas quanto ortodoxas do autor.

Ao analisarem o capitalismo moderno, resgatando as idéias desses manuscritos, os teóricos críticos mostraram-se mais preocupados com a noção marxista de superestrutura, que é o lugar da vida política, cultural e ideológica, do que com a noção marxista de estrutura, que é o lugar da vida econômica. A teoria crítica foi influenciada pela filosofia alemã que a antecedeu, representada em seu primeiro período pelo idealismo alemão clássico, que se estendeu do século XVIII até 1860, tendo Kant, Fichte, Schelling, Hegel e Schopenhauer como seus principais representantes. O segundo período foi o do materialismo dialético de Karl Marx e Friedrich Engels, que publicaram seus trabalhos mais significativos entre 1850 e 1880. O terceiro período foi ocupado por Nietzsche, que passou a ser mais explorado depois de sua morte em 1900, inaugurou a filosofia da diferença, que abordarei no capítulo 2, e influenciou, principalmente, os pós-estruturalistas, que se oporão aos teóricos críticos.

O que a teoria crítica faz é dialogar com a filosofia alemã, realizando uma síntese entre o idealismo alemão, que reduz o ser ao pensamento, considerando o espírito, a consciência, as idéias e a vontade como dados primários para resolver os problemas filosóficos, e o materialismo dialético marxista, que critica a filosofia materialista a-histórica e mecanicista, propondo uma concepção de história forjada pela atividade humana, ou práxis, dentro de determinadas condições materiais que variam no espaço e no tempo. Em linhas gerais, os teóricos críticos são partidários do modernismo e trabalham nos marcos dialéticos de Hegel e Marx, recuperando também o humanismo do Renascimento, que é antropocêntrico e afirma a autodeterminação humana.

Historicamente, a teoria crítica está associada ao Instituto de Pesquisa Social de Frankfurt, fundado em 1923, e a seus membros: Max Horkheimer, que se tornou diretor em 1930; Theodor Adorno, que começou a participar dele em 1928, tornando-se membro em 1938; Eric Fromm, cuja colaboração de nove anos começou em 1930; Herbert Marcuse, membro a partir de 1933; e Walter Benjamin, que oficialmente nunca foi membro do instituto. Foi Horkheimer (Bronner, 1997g) que cunhou o termo "teoria crítica", opondo essa teoria a todas as formas "tradicionais" de teoria, destacando que a teoria crítica coloca objeções às tentativas de construir um sistema teórico fixo e de identificar o sujeito ao objeto, independentemente de o objeto ser uma instituição social ou uma categoria abrangente da filosofia, como a ideologia, por exemplo. Para Horkheimer a teoria crítica deve unir teoria e práxis, uma vez que implica uma tentativa de realizar o conteúdo materialista da filosofia idealista.

Assim, de acordo com Assoun (1991), a principal tese filosófica da teoria crítica é a rejeição da filosofia da identidade, que estabelece a identidade entre o sujeito e o objeto como pressuposto necessário da existência da verdade. Em lugar disso, os teóricos críticos defendem a "não-identidade" entre sujeito e objeto e professam que a verdade consiste em um campo de forças interacional entre os dois. A teoria crítica também confirma o racionalismo, mas procura renová-lo, relacionando-o à práxis real, ou seja, à ação humana, enfatizando a filosofia da consciência, que afirma a liberdade de um sujeito autônomo, estabelecendo a razão centrada nesse sujeito, em um claro deslocamento do objeto para o sujeito. O materialismo, ou seja, o mundo concreto e real dos objetos, seria, dessa forma, um conteúdo histórico elaborado pelos próprios homens, e essa elaboração consiste no objetivo do esforço crítico.

A teoria crítica tem como precursores um conjunto de pensadores heterodoxos (Bronner, 1997a), que representavam o marxismo ocidental e se opunham às leituras ortodoxas da obra de Marx, cujo objetivo era enfatizar o método dialético e a tradição idealista do marxismo. Faziam parte desse conjunto Karl Korsch, Georg Lukács e Ernst Bloch. Karl Korsch (Bronner, 1997b), que publicou *Marxismo e filosofia* no ano da fundação do Instituto, era partidário do anarquismo e influenciou marxistas heterodoxos como Anton Pannekoek, Amadeo Bordiga e Rosa

Luxemburg. Suas contribuições para a teoria crítica advêm de suas críticas ao positivismo, de sua reflexividade histórica e, principalmente, de sua crítica à ideologia, que antecipou pensadores da Escola de Frankfurt ao negar a ideologia por considerá-la "falsa consciência", instrumento que torna os homens "marionetes" nas mãos dos poderosos, para afirmá-la como um momento da própria luta: na sua visão, os homens deveriam opor-se ao sistema ideológico dominante por meio do uso de outros sistemas ideológicos que se pudessem tornar realidade.

Georg Lukács (Bronner, 1997c), introduziu, com *História e consciência de classe*, também publicado em 1923, uma interpretação de dois conceitos marxistas que se tornaram muito importantes para a teoria crítica – alienação e reificação – na medida em que transformaram o materialismo dialético em uma teoria da práxis, ressuscitando a visão da utopia. Para Lukács, a alienação é a experiência de um mundo fora do controle daqueles que o criaram, de modo que toda forma de objetificação, de transformação do sujeito em objeto, resulta em alienação; conseqüentemente, para superá-la, é preciso transcender a objetificação. A condição para a produção e reprodução da alienação é a reificação, que significa justamente a conversão do sujeito em objeto, mas cujas condições antropológicas não foram discutidas pelos marxistas ortodoxos. Na visão de Lukács, o marxismo deveria ser interpretado como uma teoria da práxis, pela qual os homens superem a reificação e a alienação, afirmando-se como sujeitos e não se deixando transformar em objetos.

Ernst Bloch (Bronner, 1997d) também influenciou a teoria crítica, especialmente na sua defesa da utopia e sua crítica da ideologia, que o aproxima de Korsch, pois rejeitava qualquer distinção mecânica entre a consciência "falsa" e a "verdadeira", e considerava a ideologia de um dado período nunca inteiramente "falsa", uma vez que há um conjunto latente de possibilidades utópicas não realizadas à espera de apropriação autoconsciente, ou seja, que deve passar pela subjetividade dos homens para emergir objetivamente. Apesar das pretensões materialistas de um mundo melhor, sua visão é basicamente idealista, pois Bloch considera fundamental uma desideologização e a articulação de um discurso utópico, que seja capaz de construir o conteúdo e promover a realização de um "reino da liberdade".

De acordo com Freitag (2004), Karl Korsch e Georg Lukács estavam entre os idealizadores e organizadores do Instituto de Pesquisa Social de Frankfurt, que, no início, tinha uma orientação documentária, ao procurar descrever, de acordo com a tradição marxista, as mudanças estruturais na organização do sistema capitalista, na relação capital–trabalho e nas lutas e movimentos operários. Quando Max Horkheimer assumiu a direção do Instituto em 1930, houve uma mudança de orientação e foram estabelecidas as bases da teoria crítica, marcadas pelo seu ensaio publicado em 1937, *A teoria crítica e a teoria tradicional*, que buscava reorientar a reflexão filosófica da época, com fundamento em um patamar abstrato para um nível mais concreto que não se confundisse, no entanto, com o ativismo puro da luta partidária. Nesse ensaio, Horkheimer discute o conflito existente entre o positivismo e a dialética e contrapõe a filosofia de Descartes (teoria tradicional) ao pensamento de Marx (teoria crítica), denunciando o caráter conservador do primeiro e enfatizando a dimensão humanística e emancipatória do segundo.

Em razão da Segunda Guerra Mundial, o Instituto de Pesquisa Social de Frankfurt esteve sediado no Estados Unidos de 1934 a 1950, quando seus intelectuais ficaram sob o impacto da cultura norte-americana, que é a expressão máxima do capitalismo moderno e da democracia de massa. Uma preocupação fundamental da Escola de Frankfurt foi também a tentativa de integração entre a teoria marxista e o freudismo (Assoun, 1991; Bronner, 1997a; Freitag, 2004), discussão realizada por seus principais representantes e que, inclusive, marcou a oposição entre Fromm e Adorno, pois o último, contrariando Fromm, que se preocupava com a psicologia social e sua relação com a prática política e clínica, passou a insistir no desenvolvimento de uma crítica da antropologia do ponto de vista da teoria dos instintos de Freud, tarefa levada a cabo anos mais tarde por Marcuse (1999a) em *Eros e civilização*.

Outro elemento importante para o entendimento da teoria crítica é a polêmica entre Adorno e Popper. Freitag (2004) discute como ocorreu esse confronto em 1961 na Sociedade de Sociologia Alemã em Tuebingen, quando se promoveu um debate entre os dois sobre os fundamentos do positivismo e da dialética. Na ocasião, Adorno censurava a postura positivista de Popper, enquadrando-o na estrutura lógica da teoria tradicional de Horkheimer. Adorno estava interessado em uma teoria que resultasse em um sistema de sentenças e hipóteses gerais, atribuindo ao método o papel predominante no processo de conhecimento, pois esse seria o caminho para uma ciência "neutra" e "objetiva" que consegue trazer à tona a verdade.

Adorno criticou Popper ao contestar o privilégio do método para dar acesso à verdade e à objetividade, que, no seu pensamento, tem outra conotação, pois a preocupação fundamental da dialética e da teoria crítica não é meramente formal, mas material e existencial. Desse modo, os objetos precisam ser estudados como produto histórico do passado e como aspiração de realização do futuro, e a crítica suscita uma atitude de desconfiança perante o conhecimento, questionando os objetivos e resultados da pesquisa. Adorno introduziu, assim, o princípio da negatividade, um dos fundamentos de sua dialética negativa, que seria discutido de forma mais exaustiva no livro que levava o mesmo nome em 1970.

A dialética negativa (Freitag, 2004; Bronner, 1997e) é um esforço permanente para evitar falsas sínteses e desconfiar das propostas definitivas para a solução dos problemas, rejeitando toda visão sistêmica e totalizante da sociedade. Dessa forma, a dialética negativa nunca se conforma ao *status quo*, representando um esforço permanente de superar a realidade cotidiana rotinizada; é um movimento permanente da razão no sentido de resgatar do passado as dimensões reprimidas e não concretizadas no presente, transferindo-as para um futuro no qual as limitações do presente não mais existam. Dessa forma, na dialética adorniana, o conceito de teoria refere-se a um futuro melhor, remetendo-se à dimensão prática. Na verdade, é possível encontrar traços da dialética negativa de Adorno nas discussões de Korsch e Bloch sobre a ideologia e a utopia, conforme foi apresentado anteriormente.

Adorno (Bronner, 1997e), assim como Horkheimer (Bronner, 1997g), foi um dos frankfurtianos que bradou contra a liquidação do sujeito e da subjetividade em perigo, defendendo a força emancipatória da subjetividade livre. Na sua visão, a superação da fusão entre sujeito e objeto – a reação à reificação – poderia ocorrer em uma nova ordem que introduzisse uma harmonia entre a humanidade e a natureza. O papel da teoria crítica seria, por meio do pessimismo prático, criar uma tensão dialética que impulsionasse os homens para essa nova ordem. Destacando a tensão intrínseca entre a necessidade de estruturas na sociedade e o modo como estas inibem a subjetividade e seu desejo de liberdade, Adorno foi um dos maiores críticos da filosofia da identidade. Além disso, para Adorno não é a ideologia em si que é "falsa", mas sua pretensão de corresponder à realidade, conservando, assim, o caráter crítico do conceito, como fazem Korsch e Bloch.

Segundo Freitag (2004), dois temas são reincidentes na obra dos frankfurtianos: a) a dialética da razão iluminista (ou do esclarecimento) e a crítica à ciência; e b) a dupla face da cultura e a discussão da indústria cultural. Se há alguma convergência em relação aos temas, o mesmo não é verdade em relação ao posicionamento dos autores, que possuem diferenças sensíveis entre si no que se refere à sua postura epistemológica e às suas estratégias políticas. A atuação conjunta dos autores da teoria crítica não é caracterizada por um consenso, mas pela capacidade intelectual e crítica, pela reflexão dialética e pela competência dialógica no questionamento radical dos pressupostos adotados nas posições e teorias defendidas por cada um. Esses dois temas serão abordados a seguir.

ESCLARECIMENTO E INDÚSTRIA CULTURAL

Conforme vimos anteriormente, a crítica está diretamente relacionada com o esclarecimento, de modo que não é de se estranhar que Freitag (2004) aponte o esclarecimento como o "fio vermelho" que transpassa a obra de todos os frankfurtianos. Nesse sentido, um dos trabalhos centrais da Escola de Frankfurt é *Dialética do esclarecimento*, de Adorno e Horkheimer (1985). A tese fundamental desse livro é o esclarecimento, a razão iluminista, originalmente concebido como processo emancipatório que conduziria à autonomia e à autodeterminação e se converteu em um crescente processo de instrumentalização para a dominação e repressão do homem.

Já discutimos que foi Kant que viu na razão o instrumento de liberação do homem, de saída de sua condição de menoridade, defendendo a sua necessidade de assumir, com coragem e competência, seu próprio destino. Ao fazer uma crítica de Kant, Adorno e Horkheimer demonstram que essa convicção partilhada pelos iluministas tinha se tornado ilusória, pois há uma dialética no esclarecimento. Em vez de a razão humana levar à emancipação, ao sujeitar a natureza, ela nos conduziu à técnica e à ciência modernas, deixando de ser uma razão abrangente e humanista, posta a serviço da liberdade dos homens, para se tornar uma razão instrumental e repressiva, que estabelece o controle totalitário da natureza e a dominação incondicional dos homens. Nesse sentido, embora a liberdade humana e social seja inseparável do pensamento esclarecedor, quando esse pensamento não é mais capaz de refletir sobre si mesmo, novos laços de dominação se estabelecem, e o esclarecimento, que deveria subjugar os mitos, se converte, ele mesmo, em um mito.

No excurso I, *Ulisses ou mito e esclarecimento*, Adorno e Horkheimer (1985) abordam o longo retorno de Ulisses para sua casa, após a Guerra de Tróia, que se constitui em uma sucessão de eventos nos quais o herói aparentemente fortalece o seu eu enfrentando as divindades da natureza (mitos) e se desviando das seduções que o impedem de retornar à sua pátria e aos seus bens. Ulisses tem a ilusão de realizar um esforço autoconsciente pela sua liberdade por meio de sua astúcia, mas, na verdade, só está cedendo às exigências do sistema. Por exemplo, o episódio no qual engana Polifemo ao se passar por "ninguém" significa a negação da própria identidade que o transforma em sujeito para preservar sua vida. Essa escolha pela autoconservação, que o herói não percebe se tratar do próprio sacrifício, é depois intensivamente explorada pelos autores em sua discussão sobre a indústria cultural, por ser exatamente a escolha do indivíduo moderno: renegar sua própria identidade para garantir sua autoconservação.

No excurso II, *Juliette ou esclarecimento e moral*, Adorno e Horkheimer demonstram como as boas intenções do projeto kantiano são menos misericordiosas do que a sinceridade chocante dos "escritores sombrios da burguesia", como Nietzsche e Marquês de Sade, autor de *Histoire de Juliette*. Isso porque mostram o "burguês liberto de toda tutela", já que a filosofia burguesa procurou liberar o homem do mito, mas desencadeou uma economia de mercado que incorporou de tal forma a razão que a acabou destroçando. O esclarecimento comprometeu-se com o liberalismo, e o mercado livre estabeleceu a autoconservação como a fonte mais provável das ações humanas. Adorno e Horkheimer, no entanto, ao afirmarem que os críticos sombrios teriam sido mais radicais que os filósofos morais da burguesia, não concordam com o niilismo deles nem com o pluralismo moral cultivado pelos seus personagens: apenas apontam que eles captaram a burguesia como realmente ela é.

Alguns autores, como Freitag (2004), acreditam que, com a *Dialética do esclarecimento*, Adorno e Horkheimer romperam com a confiança na razão crítica e na promessa humanística contida na concepção kantiana da razão libertadora. No entanto, isso não é verdadeiro, pois após essa obra Adorno ainda elaboraria a dialética negativa, e, contradizendo-se, a própria Freitag (2004) afirma que a dialética negativa se confunde com a razão iluminista na conceituação de Kant e Hegel, ou seja, na sua versão emancipatória, e admite que Adorno e Horkheimer, na verdade, negam a razão instrumental em favor de uma razão emancipatória subjetiva, centrada no sujeito. Em outras palavras, a filosofia da consciência, ou seja, a idéia de uma razão que sustente a atitude crítica do ser humano e possibilite sua autoconsciência e autodeterminação é preservada no pensamento desses frankfurtianos.

Nesse contexto de racionalidade instrumental, que permeia a reprodução material da vida (civilização), o mundo espiritual das idéias, da arte e dos sentimentos (cultura) emerge como uma via emancipatória. No entanto, embora a obra de arte e a cultura em geral representem um protesto contra a injustiça, uma vez que se convertem em bens de consumo reservados a uma elite, deixam de cumprir sua promessa de emancipação. Segundo Freitag (2004), em *Caráter afirmativo da cultura* (1937), Marcuse afirmava que se fosse alcançada a felicidade no mundo do trabalho, a produção artística tornar-se-ia dispensável; no entanto, não foi assim que as coisas se deram, e Marcuse teve de rever mais tarde suas posições. Benjamin, em *Obra de arte na era de sua reprodutibilidade técnica* (1935), dissolve o conceito burguês de arte, demonstrando que a cultura de elite havia se transformado em uma cultura de massa. Adorno e Horkheimer apontam, então, em *Dialética do esclarecimento* (1944), que a produção artística não se tornou dispensável, pois foi transformada em mercadoria, promovendo-se uma falsa democratização dos bens culturais, fenômeno que fez emergir, assim, a "indústria cultural".

No que se refere à indústria cultural, Adorno e Horkheimer (1985) procuram defender a tese de que a produção cultural contemporânea não passa de um "produto" tão massificado e padronizado como todos os demais disponíveis no mercado, constituindo uma "indústria cultural". Nesse contexto, a possibilidade de "escolha" é uma ficção, um mito: os programas são entregues autoritariamente aos espectadores. Não há possibilidade de réplica, e as diferentes "estações" só criam uma ilusão de concorrência e escolha, uma vez que os programas produzidos em nada diferem. Não há espaço para o novo, embora se fale insistentemente em renovação e dinâmica, pois mesmo o que pode mudar já está dado de antemão. A cultura, como entretenimento, orienta-se pela padronização, e para os autores nesse campo "não há nada de novo sob o sol", pois tudo já foi classificado pela esquematização da produção.

Para Adorno e Horkheimer, as "massas logradas" deixam-se seduzir mais facilmente pelo mito do sucesso do que os bem-sucedidos. Essas massas acreditam que a felicidade não é reservada a todos e se regozijam com o sucesso dos outros. Apesar disso, a "estrela de cinema" deve dar a impressão de que é uma pessoa comum, de que todos poderiam chegar a ser ela, mas, ainda assim, imprimir a distância que existe entre ela e os demais, mantendo sua aura de mito e de desejo de se chegar a ser ela. Nesse contexto, o indivíduo torna-se ilusório: o que existe é uma pseudo-individualidade, pois a individuação jamais ocorreu de fato, uma vez que tem sobre ela a sombra da autoconservação; além disso, com os heróis do cinema e do mundo privado, o esforço de individuação foi substituído pelo esforço de imitação.

Há quem veja nessas interpretações pessimistas de Adorno e Horkheimer sobre a indústria cultural um certo elitismo, na medida em que se critica a massificação da cultura, que, ao mesmo tempo, amplia as oportunidades de acesso a ela. Freitag (2004) demonstra que para Adorno e Horkheimer a perda da aura da obra de arte implica a perda de sua dimensão crítica ou, em outras palavras, o fim da dialética e o congelamento do processo histórico. Já Benjamin admite a possibilidade da politização das massas por meio da obra de arte desauratizada, embora veja isso com certo ceticismo. Creio que não é desejável radicalizar nenhuma das duas posições, mas considerar com o devido cuidado o que é um acesso emancipatório a um bem cultural e o que é um mero ato de consumo de um bem cultural. Na verdade, o grau de participação dos envolvidos na produção desse bem cultural talvez seja a chave para realizar essa distinção.

O FUTURO DA ESCOLA DE FRANKFURT

De acordo com Freitag (2004), com *Dialética do esclarecimento* Adorno e Horkheimer deslocam a ênfase da classe operária para as camadas oprimidas em geral e, depois de criticarem a razão e a ciência, mergulham integralmente no tema da cultura e indústria cultural como forma de manipulação das consciências. Adorno é quem dá o passo decisivo da teoria crítica para a teoria estética, focalizando, especialmente, a música; mas isso não significa uma ruptura com a teoria crítica dos frankfurtianos nem com os seus trabalhos anteriores, pois, na verdade, trata-se de uma exploração, até as últimas conseqüências, da dimensão crítica. Na visão de Adorno, é na estética que se preserva ainda a utopia de um mundo melhor, pois ela consegue perceber e sis-

processo de produção e reprodução de mercac

Com essa aproximação da estética, Adorno a da teoria crítica como práxis e assume uma pos plativa. Isso se manifesta na polêmica gerada relação ao movimento estudantil em 1968. Naqu ranças estudantis fundamentavam seu protest Escola de Frankfurt. O movimento, no entanto, tal forma que os frankfurtianos começaram a v ços fascistas e passaram a combatê-lo. Adorno polícia quando os estudantes ameaçaram in enquanto Marcuse procurou dialogar, convenc dantes refletirem sobre a situação. As cartas tro no e Marcuse na época (Loureiro, 1999) demons vérsia girava em torno da questão da conve práxis, pois Marcuse agia de acordo com o mov uma vez que acreditava que ele poderia atu sociedade, e Adorno respondia com a necessid da temporária da situação para desenvolver no to teórico, consciência das mudanças necessári

O próprio Marcuse (1999b) interpretava que no era a de que não seria tarefa da teoria crí imediatamente em prática; em conseqüência, teoria e prática não seria obra de Adorno, ma de à qual ele reagiu, pois, na sua visão, ações s são expressão da esperança, mas, sim, do deses nar-se facilmente um joguete nas mãos do ini essa questão do papel dos intelectuais na ação cussão interminável. Em 2005, foi organizado de conferências chamado *O silêncio dos intelec* amplamente o posicionamento dos intelectu

ações políticas. A decisão de Jean-Paul Sartre de apoiar a revolução maoísta foi objeto de debate em várias conferências. Marilena Chauí resgatou as críticas de Merleau-Ponty a Sartre e defendeu que a atitude cautelosa de Adorno seria mais desejável. Por sua vez, Franklin Leopoldo chamou atenção para o fato de que o intelectual não se deve furtar de emitir sua opinião, mas admitiu que Sartre acabou tendo seus escritos colocados de lado em função de suas ações políticas, embora na época não pudesse prever quais seriam os desdobramentos do movimento chinês. Difícil dizer qual seria a atitude correta; sem dúvida a avaliação crítica das conseqüências tanto da mobilização política quanto da própria decisão de apoiá-la é fundamental.

Na época da polêmica entre Adorno e Marcuse, Jüergen Habermas, representante da segunda geração da Escola de Frankfurt, preferiu afastar-se e usar a arma do debate crítico escrito. Segundo Freitag (2004), na visão de Habermas, Adorno teria criado um impasse que não poderia ser resolvido nem pela dialética negativa, nem pela teoria estética, pois o problema não seria salvar a razão subjetiva, mas buscar uma nova razão comunicativa e intersubjetiva a ser aplicada em situações dialógicas nas quais os interlocutores buscassem o consenso possível por meio da argumentação. Para Habermas (1990), a questão seria abandonar a filosofia da consciência cultivada pelos frankfurtianos de primeira geração, que centra a razão no sujeito, para assumir uma filosofia da compreensão, que estabelece a razão comunicacional e a verdade processual, consensualmente estabelecida, em uma tentativa de transpor a divisão entre sujeito e objeto. Assinala, assim, a importância da hermenêutica, ou seja, da teoria da interpretação, e estabelece a teoria da ação comunicativa (Habermas, 1988), na qual faz uma distinção entre o mundo sistêmico, que representa a capacidade de responder às exigências funcionais do meio social, e o mundo da vida, que não é ancorado no sujeito, como faria a filosofia da consciência, e corresponde às formas de reprodução cultural, social e pessoal consensuadas pelos participantes.

Segundo Bronner (1997f), Habermas não rompeu com os princípios da teoria crítica, mas deu a ela uma nova direção, um novo impulso democrático, ao fundi-la com o pragmatismo americano e com a filosofia da linguagem. Habermas (1990) soma-se às críticas que os pós-estruturalistas, também conhecidos como "pós-modernos", fazem da filosofia da consciência, da razão centrada no sujeito; contudo, ao contrário deles, que defendem uma renúncia a todo o tipo de pretensão da existência de uma razão, demonstra a possibilidade de uma razão comunicativa para barrar a razão instrumental. No entanto, como aponta Bronner (1997f), Habermas é um teórico do liberalismo e, como tal, não oferece vias alternativas, o que contribui para desgastar o caráter crítico de suas elaborações, uma vez que os frankfurtianos de primeira geração defendiam novas formas de socialismo em contraposição ao socialismo burocrático soviético. Por outro lado, as categorias de mundo da vida e sistema precisariam ser mais bem fundamentadas e historicamente articuladas.

Na visão de Freitag (2004), que é declaradamente habermasiana, a teoria crítica permanece atual, principalmente por sua capacidade de renovação, reformulação e autocrítica. Entretanto, acredito que há de se resgatar o pensamento original da Escola de Frankfurt, pois muitas interpretações errôneas têm sido feitas sobre ele. Segundo Freitag (2004), Habermas teria apontado Adorno e Horkheimer como precursores da tendência pós-moderna, pois acredita que com *Dialética do esclarecimento* teriam efetuado uma crítica radical da modernidade, abandonando a crença na razão. Particularmente discordo dessa posição, pois, como já mencionei anteriormente, eles se fundamentam na filosofia da consciência para contrapor à razão instrumental uma razão emancipatória subjetiva, de modo que se afastam totalmente dos pós-modernos. Na verdade, se Habermas faz essa acusação sobre Adorno e Horkheimer, é possível que esse fato esteja associado à sua descrença na possibilidade da razão centrada no sujeito, que é baseada em sua crítica da filosofia da consciência.

No entanto, o próprio Habermas não conseguiu suplantar de fato a filosofia da consciência, pois continua enredado nos seus conceitos básicos, já que não rompe com a modernidade e o esclarecimento, que tem essa filosofia em seu centro. Na minha visão, há uma dificuldade em romper com a filosofia da consciência e, ao mesmo tempo, preservar a crença na modernidade, pois uma vez que ela está edificada sobre a verdade, a racionalidade e a liberdade, pressupõe uma capacidade de autonomia e só se viabiliza pelo sujeito autoconsciente. Em outras palavras, não acredito que seja possível estar do lado dos pós-modernos na crítica à filosofia da consciência e não partilhar de sua descrença na razão, pois ainda que se coloque a possibilidade de uma razão comunicativa, esta ainda depende da autonomia do sujeito. Na verdade, para se conservar o compromisso com a racionalidade, defendo que a filosofia da consciência seja restaurada para construir uma nova visão do humanismo, conforme abordarei mais adiante.

A segunda geração da Escola de Frankfurt também tem como representantes Ralf Dahrendorf, Gerhard Brandt, Ludwig von Friedeburg, Oskar Negt e Alfred Schmidt, mas a obra de nenhum deles teve a mesma repercussão que a do trabalho de Habermas. Já a terceira geração da Escola de Frankfurt, que nos é contemporânea, conta com nomes pouco conhecidos do público acadêmico brasileiro, pois pouquíssimos têm trabalhos publicados na língua inglesa. O principal expoente é Axel Honneth. Há, também, algum conhecimento de Ulrich Beck, Karl-Otto Apel e Hans Joas, que têm livros traduzidos. Depois temos autores que praticamente só publicaram em alemão: Micha Brumlik, Hauke Brunkhorst,

Helmut Dubiel, Hinrich Fink-Eitel, Rainer Forst, Günter Frankenberg, Josef Früchtl, Klaus Günther, Matthias Kettner, Gertrud Koch, Wolfgang Kuhlmann, Martin Löw-Beer, Matthias Lutz-Bachmann, James Bohman, Christoph Menke, Herta Nagl-Docekal, Bernhard Peters, Gunzelin Schmid Noerr, Marin Seel e Lutz Wingert.

Enquanto a primeira geração viveu os horrores da Segunda Guerra Mundial e a segunda geração experienciou as revelações das atrocidades nazistas e o clima efervescente de 1968, a terceira geração nasceu no contexto dos novos movimentos sociais de 1970, convivendo com a queda do Muro de Berlim, a emergência do multiculturalismo e a aceleração da globalização. As temáticas tratadas pela terceira geração são abordadas na obra de Axel Honneth e, de algum modo, dialogam criticamente com o trabalho de Habermas, recuperando princípios da primeira geração (Anderson, 2000): a) a concepção de história e de sociedade com base no conflito entre os grupos sociais e não no conflito entre os indivíduos ou entre as entidades estruturais; b) a contextualização das estruturas profundas da experiência subjetiva, resgatando a importância da autoconfiança, do auto-respeito e da alta auto-estima nas relações intersubjetivas, que são revalorizadas pelo reconhecimento mútuo; e c) a questão do "outro da razão", que procura dar voz aos "outros" que foram silenciados e enfatiza o poder criativo do inconsciente, ao mesmo tempo que se compromete com a herança emancipatória do esclarecimento.

Para Bronner (1997a; 1997h), o futuro da teoria crítica depende do cumprimento de sua promessa original de ser uma perspectiva interdisciplinar que oriente a luta dos oprimidos. Por isso, é fundamental uma reafirmação da importância da práxis e de um interesse nas questões públicas. Nesse sentido, diversas categorias e suposições devem ser reformuladas para enfrentar condições novas, destacando seu impulso político e afirmando seu caráter prático. Por outro lado, é preciso considerar que a teoria crítica nunca se inspirou no liberalismo e sempre criticou o reformismo democrático, de modo que precisa buscar alternativas a esses posicionamentos. É importante identificá-la com um projeto de reconstrução fundamentado em formas concretas de solidariedade e sustentabilidade econômica e social, como ocorrem nas experiências autogestionárias e nas práticas legítimas de economia solidária. Nesse contexto, a utopia não pode ser concebida como um sistema determinado e acabado, mas como um esboço, que é sempre incompleto e sujeito a modificações.

capítulo 2

Do Pós-Estruturalismo ao Neo-Humanismo

Neste capítulo, analiso as vinculações entre o estruturalismo e o pós-estruturalismo, bem como seu rompimento com a filosofia da consciência, na defesa da morte do sujeito autônomo e da emergência de um sujeito descentrado e dependente das estruturas que o governam. Ainda destaco que o pós-estruturalismo pretende substituir o "trabalho da dialética" pelo "jogo da diferença", buscando uma nova noção de crítica. No entanto, demonstro que considerando o conceito de crítica de Kant e Foucault apontado no início deste livro, não é possível considerar os pós-estruturalistas como críticos, especialmente porque a idéia de uma "arte da inservidão voluntária" não é coerente com um sujeito descentrado.

Finalizando o capítulo, aponto a dificuldade do pós-estruturalismo romper com a visão de sujeito que cultiva, sugerindo um caminho para reconstituir a filosofia da consciência, e fundar um neo-humanismo: corrigir as supostas limitações do sujeito humanista, considerando que há, de fato, forças libidinais, inconscientes e estruturais que tentam condicionar o sujeito, mas sem descartar o seu caráter processual e sua capacidade de ação, ou seja, sua possibilidade de, por meio da consciência, libertar-se dessas amarras.

ESTRUTURALISMO E PÓS-ESTRUTURALISMO (OU "PÓS-MODERNISMO")

Embora muitos façam uma confusão ao identificar o pós-estruturalismo com o pós-modernismo, é preciso notar que esses são dois movimentos independentes e que possuem raízes filosóficas e intenções diferentes. O pós-modernismo, dependendo do autor, costuma ser identificado como uma nova época, um novo estilo ou até mesmo uma nova ideologia. Para Lyotard (2002), por exemplo, o pós-modernismo não significa o fim do modernismo, mas uma outra relação com ele: trata-se de um estilo, de um *ethos* e não de um período, que se manifesta na arquitetura, na literatura e nas artes como movimento estético. Jameson (1997), por sua vez, rejeita a idéia de que o pós-modernismo seja uma ruptura em termos de cultura e experiência, pois ele vive de vestígios e resíduos do modernismo, e também não acredita que ele seja um estilo, mas, sim, uma "dominante cultural", ou seja, uma ideologia subjacente à lógica do capitalismo tardio.

Já o pós-estruturalismo, de acordo com Peters (2000), é um movimento filosófico que procura dar uma resposta ao estruturalismo, estabelecendo algumas rupturas, mas mantendo várias coisas em comum com ele. O estruturalismo francês originou-se da lingüística estrutural de Ferdinand de Saussure e Roman Jakobson, que, no começo do século XX, aderem a uma abordagem científica do estudo das línguas em contraposição a uma abordagem histórica, interessando-se pela função dos elementos lingüísticos e não pelas suas causas. O termo estruturalismo foi cunhado por Jakobson para designar o estudo das leis internas de um sistema determinado, no qual os fenômenos não seriam estudados como um aglomerado mecânico, mas como um todo estrutural. No início dos anos 1940, Lévis-Strauss conheceu Jakobson e, com base no seu trabalho, escreveu o livro *Anthropologie structurale*, publicado em 1958, definindo a antropologia como um ramo da semiologia.

Esse livro marca a emergência de uma revolução estruturalista na França, com destaque para os trabalhos de Roland Barthes (literatura), Louis Althusser (marxismo), Jacques Lacan (psicanálise) e Jean Piaget (pedagogia), que foi impulsionada por leituras de Nietzsche e Heidegger, tendo seu auge em 1966, quando alcançou também os Estados Unidos. De acordo com Dosse (1993), o estruturalismo é uma tradição que rivaliza com o existencialismo que lhe é contemporâneo, rejeitando a noção sartreana de liberdade e concentrando-se no modo como o comportamento humano é determinado pelas estruturas culturais, sociais e psicológicas. O estruturalismo também é anti-humanista e caracteriza-se por criticar a visão historicista dos fatos sociais, além de colocar o significante no lugar do sujeito e a ideologia no lugar dos sentimentos e comportamentos, tornando a estrutura central para a compreensão da dinâmica social.

Louis Althusser (1969), por exemplo, vai criticar o retorno ao jovem Marx dos *Manuscritos econômico-filosóficos* que se baseia em um sujeito humanista agente da história e da transformação social, pois acredita que esse retorno se dá à custa da posição científica do Marx de *O capital*, além de retroceder ao idealismo alemão, que ele considera uma ideologia burguesa. Na sua visão, existe uma clara ruptura epistemológica entre o Marx dos *Manuscritos econômico-filosóficos* e o Marx de *O capital*, que substitui a visão humanista por uma perspectiva científica fundada no materialismo dialético e nas relações e forças de produção. Além disso, Althusser acredita que a melhor contribuição da leitura feita por Marx da obra de Hegel não é a inversão da dialética, mas uma concepção de história como um processo sem sujeito, movimentada pelas estruturas, ou seja, por suas próprias contradições internas. Nesse sentido, a leitura estruturalista de Marx feita por Althusser rompe não somente com o existencialismo, como também com a Escola de Frankfurt.

Na visão de Peters (2000), o pós-estruturalismo é inseparável da tradição estruturalista lingüística de Saussure e Jakobson, bem como das interpretações realizadas pelos estruturalistas franceses. Além disso, está diretamente relacionado com a redescoberta de Nietzsche por pensadores franceses como Deleuze, Derrida, Klossowski e Koffman, bem como com a interpretação que Heidegger faz de Nietzsche e com as leituras estruturalistas feitas de Freud e Marx, respectivamente por Lacan e por Althusser. Na primeira geração do pós-estruturalismo, destacam-se os trabalhos de Jacques Derrida, Julia Kristeva, Jean-François Lyotard, Gilles Deleuze, Luce Irigaray, Jean Baudrillard e as leituras pós-estruturalistas feitas da obra de Michel Foucault. Já os pós-estruturalistas das novas gerações extrapolam as fronteiras francesas: feministas, pós-colonialistas, neofoucaultianos, neodeleuzeanos, neoderrideanos atualmente procuram desenvolver e aplicar o pensamento da primeira geração.

O pós-estruturalismo também compartilha a noção de sujeito defendida pelo estruturalismo e critica a visão de sujeito presente em várias construções filosóficas herdeiras do pensamento humanista renascentista, fundadas na filosofia da consciência, como a fenomenologia e o existencialismo, que apontam o sujeito como um ser autônomo, livre e autoconsciente, fonte de todo conhecimento e da ação moral e política. Em substituição os pós-estruturalistas, apresentam o sujeito descentrado e dependente do sistema lingüístico, ou seja, um sujeito concebido em termos relacionais, construído discursivamente, governado por estruturas e sistemas e fruto da intersecção entre forças libidinais e práticas socioculturais. Assim, da mesma forma que o estruturalismo, o pós-estruturalismo promove um enérgico ataque aos pressupostos universalistas da racionalidade, da autonomia e da autopresença subjacentes ao sujeito humanista, reagindo ao subjetivismo e à liberdade pessoal do existencialismo sartreano e à idéia de autoconsciência característica do hegelianismo. Além disso, também enfatiza o inconsciente e as estruturas ou forças sócio-históricas subjacentes que constrangem e governam o comportamento humano.

O pós-estruturalismo difere do estruturalismo porque faz uma tentativa de resgatar a história, que, no âmbito do estruturalismo, foi apagada por meio da análise sincrônica das estruturas. Para isso, concentra-se na mutação, na transformação, na descontinuidade, na serialização e na repetição das estruturas. Além disso, questiona o cientificismo das ciências humanas, bem como o racionalismo, o realismo e a fé na capacidade transformativa do método científico que o estruturalismo havia retomado do positivismo, colocando em dúvida a pretensão estruturalista de identificar estruturas universais comuns a todas as culturas e à mente humana. Nesse contexto, desenvolveu-se uma série de métodos e abordagens como a arqueologia, a genealogia e a desconstrução, que se recusam a ver o conhecimento e a verdade como representações precisas da realidade.

O pós-estruturalismo é uma fuga do pensamento hegeliano para o pensamento nietzscheano, que contrapõe a celebração do "jogo da diferença" e o "trabalho da dialética". O "jogo da diferença" sustenta que as oposições binárias introduzidas pela dialética estabelecem uma hierarquia de valor entre os pólos, recomendando a desconstrução para desnudar e reverter as hierarquias criadas. Em outras palavras, para os pós-estruturalistas a utilização das oposições binárias para o entendimento de identidades políticas, como nós/eles, cidadãos/não-cidadãos, legítimo/ilegítimo, tem como efeito a exclusão de certos grupos culturais e sociais, de modo que o conceito de "diferença" proporciona uma "lógica" mais apropriada para se compreender as lutas pela identidade na medida em que deixa de definir o jogo histórico em termos de dicotomias que implicam exclusões. Assim, "o jogo da diferença" inaugura uma nova forma de filosofar e fornece as bases para um modo alternativo de pensamento crítico, que não é fundado na dialética nem no marxismo.

Segundo D'Agostini (2002), com o livro *Nietzsche e a filosofia*, Gilles Deleuze demonstra que o pensamento nietzscheano tem a dialética como inimiga e aponta que entre a negação e a afirmação existe a diferença. Deleuze questiona a emancipação da negação em Adorno, que é a base da visão crítica fundamentada na dialética, e defende a emancipação da diferença, que acredita ter um caráter afirmativo, no sentido de não sobrecarregar a vida com valores supremos e criar novos valores de vida que a transformem em leveza e atividade, indicando uma nova forma de crítica que supõe um outro caminho para o esclarecimento e tem como referência a filosofia da diferença. A partir disso, estrutura-se o questionamento das grandes narrativas, tão caro aos "pós-modernos" (Alvesson, 2002), que focaliza as múltiplas vozes e a política local no lugar de estruturas teóricas e projetos políticos de larga escala. Estabelecem-se, também, as identidades fragmentadas, que enfatizam a subjetividade como um processo e a morte do sujeito autônomo e criador de significados, uma vez que o discurso ganha centralidade e o entendimento convencional das pessoas é substituído pela produção discursiva. Por outro lado, também se funda uma crítica que não tem nenhum compromisso com qualquer forma de razão e que resulta no relativismo, cujas conseqüências abordarei a seguir.

AFINAL, QUEM SÃO OS CRÍTICOS?

Diante do exposto no item anterior, teríamos, de um lado, os críticos "modernos", que seguem a tradição hegeliana e marxista, baseando-se no "trabalho da dialética", e, de outro lado, os críticos "pós-modernos", ou melhor, "pós-estruturalistas", que seguem a tradição nietzscheana, fundando-se no "jogo da diferença".

Será possível perguntar quais seriam os verdadeiros críticos? Quando resgatamos o significado de crítica para Kant e Foucault, que está vinculado ao conceito de esclarecimento, apontando a crítica como uma "inservidão voluntária", surge uma dificuldade para enquadrar os pós-modernos como críticos. Polemizando com Lyotard, Habermas (1990) vai apontar que um rompimento total com o esclarecimento, como querem Nietzsche, Heidegger e os pós-estruturalistas franceses, torna a crítica impossível, pois se destrói, com isso, as normas constitutivas da modernidade (verdade, racionalidade e liberdade) que viabilizam a crítica.

Descarta-se qualquer tipo de razão e abraça-se um relativismo que elimina critérios de explicação que distinguem entre o nu e o mascarado, entre a teoria e a ideologia; no limite, como tudo é relativo, tudo é justificável, e não se torna mais possível identificar o que pode ser considerado dominação ou emancipação. Tomemos como exemplo o relativismo cultural: para alguns nada há de errado na mutilação dos órgãos sexuais das mulheres na África, pois se trata de um hábito cultural que deve ser entendido dentro de seu contexto, de modo que não haveria nesse ato nenhum tipo de opressão. Com isso, mina-se a possibilidade de crítica, pois ela é justamente a capacidade de contestar a dominação e apontar vias emancipatórias.

Habermas vai ser acusado por Lyotard de ressuscitar o terror da razão, que levou, entre outras coisas, ao holocausto. Este parece esquecer, no entanto que Habermas clama por outro tipo de razão: a comunicativa. Conforme já mencionei, embora Habermas se apegue a essa razão como forma de preservar o esclarecimento, ao criticar a filosofia da consciência ele nega o sujeito autônomo que é fundamental no contexto da modernidade e coloca em jogo a própria possibilidade de crítica, pois ela está justamente associada, como já vimos, à capacidade de o sujeito superar sua menoridade, libertando-se da tutela de outrem. É verdade que na comunicação e na intersubjetividade ocorre o entendimento entre os homens, mas creio, tal como sugerem os frankfurtianos de terceira geração, que a autoconsciência, que molda a autoconfiança e o auto-respeito, precisa ser preservada para que haja um reconhecimento mútuo nas interações sociais.

Por outro lado, a tentativa dos pós-estruturalistas de estabelecer um novo tipo de crítica por intermédio de uma filosofia da diferença que rompe com a dialética está pontuada de limites. Isso porque há um problema em negar as oposições binárias sugeridas pela dialética. É impossível enxergar as diferenças sem primeiro ver os pólos; em outras palavras, o "jogo da diferença" pressupõe o "trabalho da dialética", pois se a dialética é negada, descarta-se, também, a base na qual se sustenta a diferença. Como coloca D'Agostini (2002), deslegitimar a dialética pela diferença implica a sua negação, e não é verdadeiro que a dialética não concebe a pluralidade de mundos, pois é possível integrar a diferença na dialética; essa integração já teria sido realizada pelo próprio Adorno ao formular a dialética negativa.

Além disso, a lógica das minorias e das diferenças pressupõe embates que implicam o conflito dialético, colocando em questão o caráter afirmativo que Deleuze vê na diferença, pois para fazer um contraste entre o diferente e o negativo é preciso recorrer à negatividade. Verifica-se, assim, que há uma incompatibilidade entre afirmatividade e diferença e que a diferença está totalmente aprisionada pela dialética. Por outro lado, as hierarquias, dicotomias e exclusões supostamente colocadas pelas oposições binárias não são criadas pela lógica da dialética, mas pelo homem que tende a reificar essas oposições. Como alerta Jameson (1997), com base no "jogo das diferenças" do sentimento de que a dialética não ocorre na natureza (um cubo de gelo, por exemplo, passa pelo estado gasoso antes de atingir o estado líquido, colocando em questão a dicotomia entre sólido e líquido), verificou-se a convicção de que ela não ocorre nem mesmo na sociedade, o que nada mais é do que mistificação, pois as oposições binárias existem na realidade e são criações sociais.

Os teóricos críticos e pós-estruturalistas, ou pós-modernos, não só disputam o significado de crítica como também leituras da obra de Foucault. Para Peters (2000), que é um defensor do pós-estruturalismo, embora Foucault (1983) tenha negado em uma entrevista ser um estruturalista, ele reconhece que o problema do estruturalismo era próximo de seus interesses, pois enfoca a questão do sujeito e de sua reformulação, o que justificaria, entre outros motivos, as leituras pós-estruturalistas. Para Prestes Motta e Alcadipani (2003) é inadequado utilizar a expressão "pós-moderno" para se referir à obra de Foucault, pois isso sugere que há uma maneira correta e verdadeira de compreendê-la e de analisar suas contribuições, o que contraria a própria posição de Foucault, que questiona os mecanismos classificatórios.

Por outro lado, Foucault, na referida entrevista, afirma algo que o aproxima da teoria crítica: "se eu tivesse me familiarizado com a Escola de Frankfurt (...) eu não teria dito várias das coisas estúpidas que eu disse e teria evitado muito dos desvios que fiz enquanto tentava seguir minha própria trilha – quando, nesse meio tempo, avenidas tinham sido abertas pela Escola de Frankfurt" (Foucault, 1983, p. 200). Assim, alguns vão dizer, com base na entrevista de Foucault, que sua defesa da Escola de Frankfurt revela um arrependimento em relação a alguns pressupostos estruturalistas que defendeu, que permitiram leituras pós-estruturalistas de seu trabalho. Outros vão dizer que, ao utilizar Niezstche como referência, Adorno e Horkheimer tornar-se-iam os precursores do pós-estruturalismo – posição que já critiquei anteriormente – e que aí estaria a afinidade de Foucault com a Escola de Frankfurt.

Além disso, não há uma definição clara de como Foucault tratava a questão da resistência e da emancipação. Segundo a leitura pós-estruturalista da obra de Foucault, a resistência não leva à transformação das relações de poder dominantes; apenas as reforçam. Hardy e Clegg (2001) comentam essa leitura, apontando que isso ocorre em primeiro lugar porque a extensão e a abrangência das relações de poder tornam difícil a resistência, pois, uma vez que os discursos dominantes são tidos como fatos, é mais difícil conceber alternativas e torná-las realidades. Em segundo lugar, porque já que todos os atores são capturados pela rede dominante de relações de poder, eles tendem a reproduzi-las e a se beneficiar delas para proteger suas posições. A visão pós-estruturalista, como já vimos, funda-se na morte do sujeito soberano e abala a idéia modernista de que o desvelamento dos processos e estruturas de dominação poderiam ajudar os subjugados a escapar deles. Ainda que existam protestos daqueles que defendem que o trabalho de Foucault é compatível com a idéia de resistência, seus opositores argumentam que seu trabalho é contrário às noções de liberação e emancipação, pois seu ataque ao agenciamento teria removido essa possibilidade.

Já Prestes Motta e Alcadipani (2003), em uma leitura teórico-crítica, defendem a idéia de que, para Foucault, onde há poder há resistência, sendo esta um ponto fundamental de sua analítica do poder. Na verdade, para alguns pesquisadores, Foucault teria, na última fase de sua obra, quando discute a governamentalização, retomado a questão do sujeito e sua emancipação em uma direção diferente das leituras pós-estruturalistas que se fazem da sua obra. No entanto, essa teria sido uma fase inacabada de seu trabalho, pois a morte o teria surpreendido antes que pudesse finalizá-la. Parece haver algum sentido nessa suposição, quando consideramos que, em 1978, na conferência *O que é a crítica?* (Foucault, 1990), que citamos anteriormente, o filósofo abordou a questão recuperando a noção kantiana de esclarecimento. Com efeito, Böhm e Spoelstra (2004) utilizam a mesma entrevista como mote para discutir que Foucault não rompe com Kant, pois considera que a governamentalidade é a subjetividade governada pelo complexo conjunto de relações de poder e conhecimento e que o esclarecimento é a capacidade de dizer não a essa governamentalidade, ou seja, à capacidade de ter uma atitude crítica. Os pesquisadores sugerem que com essa leitura da obra de Foucault é possível recuperar a tradição crítica que está sendo esquecida pelos pós-modernos.

A QUESTÃO DO SUJEITO E DA EMANCIPAÇÃO: EM BUSCA DE UM NEO-HUMANISMO

A leitura teórico-crítica pressupõe que Foucault estava fazendo um acerto de contas com a questão do sujeito, o que ainda não ocorreu com os pós-estruturalistas. Peters (2000) considera que ainda não há uma palavra final sobre isso. No entanto, na sua opinião, é impossível retornar inocentemente ao sujeito fenomenológico depois do sujeito pós-estruturalista, pois o pós-estruturalismo não teria liquidado, mas reabilitado e reposicionado o sujeito em toda sua complexidade histórica. No entanto, acredito que não é verdadeiro que o sujeito fenomenológico é menos complexo que o sujeito pós-estruturalista, pois a fenomenologia considera, sim, que ele seja influenciado por forças libidinais, inconscientes e estruturais. A diferença é que esse sujeito é tido como capaz de romper, pela autoconsciência, com as estruturas que tentam limitar sua emancipação.

Isso não ocorre com o sujeito pós-estruturalista, que é uma herança do estruturalismo, e parte da suposição de que está irremediavelmente à mercê dessas mesmas estruturas. Assim, para resgatar a centralidade do sujeito, os pós-estruturalistas teriam de romper com o estruturalismo e resgatar a negada filosofia da consciência, ou seja, abandonar duas características que são a própria razão de ser do pós-estruturalismo. Em contraposição, sugiro que se constitua um neo-humanismo, que considere o sujeito complexo colocado pelo pós-estruturalismo, mas sem romper com a filosofia da consciência, ou seja, que se corrija, como propõe González-Rey (2003), as supostas limitações do sujeito humanista da fenomenologia e do existencialismo, sem abrir mão de seu caráter processual e da idéia de que o homem tem capacidade para atuar de acordo com suas convicções e princípios pessoais.

González-Rey (2003) admite que os conceitos inconscientes não aparecem integralmente no âmbito da consciência e questiona a concepção de homem como portador de uma essencialidade inerente. No entanto, ao contrário do que supõem os pós-estruturalistas, o autor afirma que o fato de estarmos vivendo em uma cultura pluralista, que se autoconstitui e que é sensível a contingências, ambivalências e incertezas, não impõe a fragmentação do sujeito. Como afirmam Jameson (1997) e Harvey (1992), a morte do sujeito não parece fazer muito sentido e talvez tenha intenções ideológicas, ainda mais porque começou a ser colocada precisamente no momento em que os "outros" do sujeito ocidental hegemônico (mulheres, grupos étnicos, gays...) ergueram sua voz. Na verdade, esse novo contexto abre caminhos para uma capacidade criadora ampliada, pois dentro da fragmentação e dispersão do espaço social em que vive, o sujeito é capaz de fortalecer sua identidade pela produção subjetiva de sentidos. É verdade que a análise que Freud fez do inconsciente abalou a visão filosófica dominante fundamentada na pura racionalidade e na alta transparência do sujeito, entretanto, a introdução do inconsciente não quer dizer que o sujeito não tenha autonomia. Domingues (2004) também coloca que é possível levar em consideração o sujeito complexo, mas, ao mesmo tempo, mostrar que ele não é totalmente descentrado. A autoconsciência está presente em todas as pessoas em diferentes graus e isso já era um pressuposto dos próprios frankfurtianos.

O que González-Rey (2003) faz é apontar para um sujeito que embora esteja sendo constituído por configurações subjetivas das quais pode não se conscientizar, está ao mesmo tempo produzindo de forma consciente um conjunto de projetos, reflexões e representações que são fontes de significados e sentidos que influenciarão o próprio desenvolvimento de sua subjetividade.

Assim, emerge um sujeito reflexivo, capaz de questionar o mundo em que vive, noção que desafia a idéia de morte do sujeito e mesmo a ausência dessa categoria proposta pelos pós-estruturalistas. Resgata-se, assim, a autoconsciência hegeliana ou consciência de si, que influenciou diversas visões marxistas, além da fenomenologia, do existencialismo e da psicanálise, bem como as filosofias de descolonização e libertação cultural, discutidas, por exemplo, por Paulo Freire, quando analisa a relação oprimido–opressor. Na minha visão, os pós-estruturalistas criticam a autoconsciência não só porque apostam no sujeito descentrado, mas porque acreditam que ela se baseia na idéia do desenvolvimento de um eu que é definido pela negação do outro – no que acredito que exageram, pois a negação do outro para a consciência de si não significa descartar o outro, já que todas essas correntes são muito enfáticas em defender a importância do coletivo.

A filosofia de Nietzsche, na qual o pós-estruturalismo se baseia, é anti-humanista e nega a transcendência, ou seja, a possibilidade de um *insight* do sujeito que o torna capaz de romper com as estruturas e agir de modo a transformar sua existência. Por outro lado, Nietzsche pactua com o relativismo e pluralismo moral quando afirma que não há nenhum sentido no mundo e nas nossas vidas, porque somos nós que criamos os sentidos como forma de buscar nosso conforto psicológico. Apesar disso, Nietzsche sonha com a possibilidade de superar a modernidade com uma *avant guarde* anarquista e estética por intermédio de um novo tipo de homem e da vontade de potência. Sua posição pressupõe um rompimento com a atual realidade e coloca uma visão utópica. Resta saber, entretanto, como é possível uma utopia que parte de uma visão desesperançada do homem, já que, embora Nietzsche tenha se esforçado (D'Agostini, 2002), não conseguiu superar o niilismo que permeia sua obra.

Isso faz emergir uma das perguntas fundamentais que Peters (2000, p. 77) admite ser dirigida aos pós-estruturalistas: "Em que medida o descentramento e a desconstrução do sujeito impedem o desenvolvimento de uma teoria da ação humana, necessária para a mudança política?". Em geral, os pós-estruturalistas respondem a essa pergunta apontando para um entendimento mais cético das possibilidades de emancipação. Enfatizam, assim como fazem Alvesson e Willmott (1992a), a microemancipação, formulação pela qual os processos emancipatórios são compreendidos como incertos, contraditórios, ambíguos, precários e rompem com a idéia de um projeto amplo e integrado de emancipação para focalizar grupos de projetos, individualmente limitados em termos de espaço, tempo e sucesso. Para Jameson (1997), essa micropolítica vem sendo utilizada como celebração de um "pluralismo satisfeito" em sociedades nas quais a pobreza e a desigualdade cada vez mais colocam em questão o efeito emancipatório dessas iniciativas isoladas. Além disso, Jameson vê no obscurecimento de um projeto emancipatório mais amplo uma ideologia de grupos que congrega mídia e mercado e que valoriza a afirmação da identidade em uma perspectiva individualista: sem auto-reflexão, desmantelando visões políticas de mudança social.

Por outro lado, como pensar uma microemancipação quando se perde de vista o sujeito autoconsciente? Há sem dúvida aqui um "nó" que precisa ser desatado, pois mesmo uma emancipação individual ou de pequenos grupos não prescinde de um sujeito autônomo e, além disso, quando se perde de vista o coletivo, coloca-se em questão a própria emancipação, pois não é possível uma libertação solitária da opressão; se o indivíduo continua imerso em uma sociedade em que os outros continuam enredados pela dominação, não pode realizar plenamente suas capacidades emancipatórias. Trata-se de conformar-se a uma emancipação limitada ou continuar a apostar em uma utopia de libertação mais ampla; em outras palavras, para citar um exemplo, optar por se restringir à coleta seletiva de lixo no seu bairro, que pode resolver problemas mais imediatos e restritos a uma determinada área, ou pela luta por leis globais que protejam o meio ambiente, a fim de preservar a sobrevivência do planeta.

Diante das considerações feitas neste capítulo, fica clara minha posição de defesa da teoria crítica e de questionamento do pós-estruturalismo. Isso não quer dizer, no entanto, que eu não aceite a existência de uma crítica pós-estruturalista; apenas acredito que ela está circundada pelos vários limites que foram aqui discutidos. Creio que cada um deve ser livre para escolher o sentido que prefere dar à crítica e apontar quem considera ser crítico, desde que o faça com responsabilidade acadêmica, construindo os argumentos em defesa de sua posição. Escolhas pouco fundamentadas não contribuem para o desenvolvimento do conhecimento nesse campo e alimentam a confusão que costuma perpassá-lo.

No próximo capítulo, abordo o movimento *critical management studies* e a produção nacional em estudos críticos, demonstrando que o primeiro tem suas raízes no pós-estruturalismo e o segundo alinha-se com o humanismo radical, fundamentado, principalmente, no existencialismo e no anarquismo. Também pretendo evidenciar, por meio de uma pesquisa realizada nos principais periódicos e congressos nacionais no período de 1980 a 2004, que há uma tradição autônoma de estudos críticos no campo da teoria organizacional no Brasil, cujos pioneiros são Alberto Guerreiro Ramos e Maurício Tragtenberg.

capítulo 3

Estudos Organizacionais Críticos em uma Perspectiva Comparada: o Movimento *Critical Management Studies* e a Produção Nacional

Neste capítulo, abordo os antecedentes, as características e os limites do movimento *critical management studies*, discutindo e criticando suas vinculações como pós-estruturalismo. Em seguida, sugiro que a produção nacional em estudos críticos é eminentemente humanista, tendo sido iniciada por Alberto Guerreiro Ramos e Maurício Tragtenberg, e lanço a hipótese de que no Brasil há uma tradição autônoma de estudos críticos, fazendo algumas suposições sobre essa produção.

Apresento, então, os resultados de uma pesquisa realizada sobre essa produção que comprova essa hipótese e discute essas suposições, além de apresentar e analisar autores críticos brasileiros que foram influenciados por Guerreiro Ramos e Maurício Tragtenberg: Ramon Garcia, Maurício Serva, Fernando Tenório, Fernando Prestes Motta e José Henrique de Faria. Concluo o capítulo com o destaque de que ainda não há no Brasil seguidores do movimento *critical management studies* e aponto caminhos teóricos e práticos para a pesquisa crítica nacional.

O MOVIMENTO *CRITICAL MANAGEMENT STUDIES*: ANTECEDENTES, CARACTERÍSTICAS E LIMITES

O esforço de Alvesson e Willmott com a publicação do livro *Critical management studies* (1992b) resultou na fundação do movimento com o mesmo nome, que desencadeou, nos anos 1990, uma proliferação de estudos, conferências e redes acadêmicas na área. Segundo Davel e Alcadipani (2003), após essa publicação, a British Academy of Management criou uma sessão temática para os estudos críticos em 1996, 1999 e 2000. A Academy of Management também criou um *workshop* sobre o tema que integra seu encontro anual desde 1998 e que, atualmente, transformou-se em uma área temática. Em 1999, a University of Manchester Institute of Science and Technology organizou a primeira *International Critical Management Studies Conference*, com novas edições em 2001, 2003 e 2005.

De acordo com Alvesson e Willmott (1992b), o *management* costuma ser considerado uma função essencialmente técnica que age pelo interesse geral dos trabalhadores, dos empregados, dos clientes e dos cidadãos, mas é sobretudo um fenômeno sociopolítico que merece um sério exame crítico. Em primeiro lugar, porque as decisões dos gerentes de grandes corporações afetam e modificam o cotidiano dos cidadãos. Em segundo lugar, porque as companhias cada vez mais estabelecem padrões de comportamento, uma vez que moldam necessidades, desejos, crenças e identidades dos funcionários e clientes. Finalmente, porque está ocorrendo uma rápida disseminação das idéias de *business* por professores, por consultores e pela mídia de negócios, que contribuem para a invasão do *management* em outros domínios da vida social, como a ciência, a educação, as artes e a administração pública.

Segundo os autores, o movimento *critical management studies* tem uma agenda para pesquisa, ensino e prática organizacional que entende o *management* como um fenômeno político, cultural e ideológico. Sua intenção é dar voz aos gerentes não somente como administradores, mas como pessoas, e também para outros grupos sociais (subordinados, clientes, homens e mulheres, cidadãos etc.), cujas vidas são mais ou menos diretamente afetadas pelas atividades e ideologias do *management*. Assim, o movimento *critical management studies* está voltado para a emancipação, pois a meta desses estudos seria criar "(...) sociedades e lugares de trabalho livres de dominação em que todos os membros têm igual oportunidade para contribuir para a produção de sistemas que venham ao encontro das necessidades humanas e conduzam ao progressivo desenvolvimento de todos" (Alvesson e Deetz, 1998, p. 238). Além disso, as contribuições geradas por esses estudos podem oferecer insumos para a reflexão da carreira profissional, recursos intelectuais para contrariar as tendências totalitárias da socialização corporativa administrada e um conjunto mais apurado de critérios para a tomada de decisões.

Para Alvesson e Willmott (1992b), o leque disponível de perspectivas teóricas para essa agenda é amplo e inclui o neomarxismo, o pós-estruturalismo e a Escola de Frankfurt, especialmente autores como Theodor Adorno, Max Horkheimer, Herbert Marcuse e Jürgen Habermas. A teoria crítica frankfurtiana destacar-se-ia no conjunto porque provê um contraponto intelectual crítico-construtivo para os estudos *mainstream* no campo do *management*, pois é suficientemente ampla para servir como fonte de reflexão crítica para assuntos epistemológicos, noções de racionalidade e progresso, visões da tecnocracia, além de questões como autonomia, controle, poder e ideologia. Alvesson e Deetz (1996) afirmam que, nesses estudos, três temas são recorrentes e combatidos pelos críticos: a) a idéia de que as organizações são necessárias, naturais, racionais e auto-evidentes e não fruto de um complexo processo sócio-histórico; b) a visão de que os interesses administrativos são universais e de que não há interesses conflitantes; e c) o domínio da instrumentalidade e da competição no imaginário organizacional e nos processos de racionalidade.

De um modo geral, Alvesson e Willmott (1992b; 1993) foram responsáveis pela unificação da análise das organizações em uma perspectiva crítica, que vinha sendo realizada esporadicamente desde os anos 1980. Segundo Clegg e Hardy (2001), as primeiras publicações que apresentavam uma visão alternativa à tradicional abordagem funcionalista foram realizadas pelo norte-americano Karl Weick (1969) e pelo inglês David Silverman (1971). Ambos, entretanto, recorriam a recursos fenomenológicos e a uma ênfase interpretativista no estudo das organizações. Trabalhos de caráter crítico foram publicados de maneira esparsa no período de 1979 a 1990 (Burawoy, 1979; Burrell e Morgan, 1979; Salaman, 1979; Salaman e Thompson, 1980; Clegg e Durkelley, 1980; Littler, 1982; Willmott, 1984, 1987; Fischer e Sirianni, 1984; Alvesson, 1987; Knights e Willmott, 1990) em geral inspirados pelo pensamento marxista e por questões abordadas na sociologia do trabalho, quando não se adiantavam no tratamento desses estudos como *critical management*, tal como Forester (1983) e Steffy e Grimes (1985).

Segundo Hassard (2001), alguns desses autores realizaram uma transição da teoria do processo de trabalho (TPT), ou *labor process theory* (LPT), para o movimento *critical management studies* (CMS). A corrente original da TPT, que se baseia nas formulações de Braverman, vem sendo criticada tanto pelos neomarxistas quanto pelos pós-estruturalistas, que buscam novas bases teóricas para reposicioná-la (Parker, 1999; Jaros, 2006). Os neomarxistas acreditam que a corrente bravermanista é metodologicamente deficiente e gerencialista, no sentido de que se atribui muito poder aos gerentes no processo de trabalho; já os pós-estruturalistas consideram-na dualista, essencialista, determinista e humanista e buscam em Foucault alternativas para reconstituí-la. Tanto neomarxistas quanto pós-estruturalistas apontam para a questão da omissão da subjetividade e do desaparecimento do sujeito, embora nenhuma das duas correntes resolva o problema. Martin Parker, um dos poucos representantes do *critical management studies* que não é pós-estruturalista, discute em um artigo o embate entre os pós-estruturalistas David Knights e Hugh Wilmott e um grupo de pesquisadores britânicos neomarxistas, Chris Smith, Paut Thompson e Stephen Ackroyd em torno da renovação da TPT.

De acordo com Parker (1999), esse grupo (Smith e Thompson, 1992; Thompson e Ackroyd, 1995) faz três acusações a Knights e Willmott: a) uma tentativa de distrair os acadêmicos do projeto da TPT, patrocinando uma forma de teoria social e organizacional que nega a especificidade das relações de trabalho e que possui pouca relação com o processo de trabalho marxista; b) a epistemologia pós-estruturalista defendida por eles é inábil para distinguir dualismos, tais como a dicotomia agência–estrutura, que é essencial para qualquer análise do trabalho nas organizações; c) os dois pontos anteriores resultam em dificuldade para articular uma posição política, uma vez que as bases de julgamento ético são desqualificadas.

Knights (1995) teria respondido que reconhece que a abordagem pós-estruturalista do trabalho nas organizações tem pouca relação com a TPT, mas nega que este seja o problema. Afirma que os dualismos são úteis apenas para as pessoas que exploram o processo de trabalho e, criticando o modernismo, sugere que o pós-estruturalismo não significa o fim da política, mas sua substituição por práticas locais mais modestas e reflexivas. Willmott (1995), por sua vez, concorda que sua abordagem é uma revisão do processo de trabalho marxista, mas argumenta que ela é inteiramente consistente com o pensamento dialético. Reconhece, também, que não é possível realizar o trabalho intelectual sem dualismos, mas que devemos estar continuamente atentos para sua natureza contingente e que uma identidade política não deve ser reforçada pela ansiedade nem por estratégias de subordinação ou dominação, mas pelo reconhecimento da contínua indeterminação da existência humana.

Na minha visão, Knights assume uma posição claramente pós-estruturalista, enquanto Willmott oscila e se contradiz, pois procura preservar a dialética, quando, conforme já vimos, deveria, por ser um pós-estruturalista, se render ao jogo da diferença. Além disso, em um artigo (O'Dorherty e Willmott, 2001), paradoxalmente, Willmott utiliza o pós-estruturalismo para explicar o "desaparecimento do sujeito", afirmando que este ajuda a resgatar a subjetividade e a resistência por transcender a dicotomia estrutura–agência, superando o pensamento dualista. Willmott parece ignorar que o pós-estruturalismo está visceralmente conectado com o estruturalismo e ainda não acertou contas com a questão do sujeito e também se esquece do fato de que todas as tradições pós-dualistas na verdade têm um viés que privilegia a estrutura ou a agência.

Para além dos pós-dualistas pós-estruturalistas, ou "pós-modernos", temos, por exemplo, o caso de Giddens e Bourdieu, pós-dualistas "modernos", que, com base em referenciais teóricos diferentes (teoria da estruturação e construto teórico campo–habitus, respectivamente), buscam não só a síntese da dicotomia objetividade–subjetividade, como também de outras dicotomias, como ação–estrutura, indivíduo–sociedade, sujeito–objeto, com fundamento em uma visão dialética. Embora haja um claro esforço para superar esses dualismos, esses autores apresentam um viés estruturalista na tentativa de integrar objetividade e subjetividade (Domingues, 2001), reduzindo a importância do sujeito na construção da realidade. De modo análogo, González Rey (2003) também tenta transcender esse dualismo, mas opera uma dialética que acaba privilegiando o sujeito e sua ação. Em outras palavras, a tentativa de superar os dualismos, na verdade, é meramente discursiva, pois não ocorre na prática.

Ora, o próprio Willmott (1995), como já vimos, reconhece que não é possível pensar a teoria sem recorrer aos dualismos, de modo que ele estaria muito mais protegido das críticas se em vez de sustentar a posição pós-estruturalista migrasse para um neo-humanismo que é mais coerente com sua tentativa de preservar a dialética e resgatar o sujeito. No entanto, ele vê o humanismo como totalizante e ainda está muito preso à leitura pós-estruturalista que faz da obra de Foucault para realizar essa ruptura. Parker (1995; 1999), por sua vez, identifica dualismos no discurso de Knights e Willmott e assume uma posição humanista ao questionar a serventia dos pós-dualismos, especialmente aqueles que têm um viés estruturalista, se eles não resolvem a questão do sujeito e, com base na leitura que fazem de Foucault, criam uma nova "gaiola de ferro", já que não assumem o sujeito como capaz de se libertar das armadilhas do poder e de se emancipar.

Na visão de Parker (1999), se Knights e Willmott fossem questionados, dir-se-iam pró-emancipação, de modo que o ponto de partida de todos seria uma ética emancipatória que afastasse o relativismo epistemológico e político. Parker, sem dúvida, é um crítico vigilante do movimento *critical management studies*, como fica claro em seu livro *Against management* (1992), no qual admite que esse é um movimento ambicioso, mas, ao mesmo tempo, contraditório e de alcance limitado, uma vez que a crítica é realizada por profissionais das escolas de administração e em geral se restringe às fronteiras do trabalho acadêmico. Por outro lado, alerta para o fato de haver uma hegemonia da crítica pós-estruturalista que tende a excluir importantes elaborações neomarxistas.

Concordo com Parker, pois, apesar de se apontar a importância da teoria crítica e da Escola de Frankfurt, entre os principais representantes do movimento *critical management studies* estão pós-estruturalistas como Knights e Willmott. Mats Alvesson, que é outra figura emblemática do *critical management studies*, também é assumidamente pós-estruturalista, ou melhor, pós-modernista, como ele prefere e demonstra em seu livro *Postmodernism and social research* (2002), que é resultado de dez anos de pesquisa no campo. No seu trabalho, Alvesson afirma que a ambivalência em relação à opção pós-modernista é natural, pois, na sua visão, expressar dúvidas em relação às idéias pós-modernistas não significa ser anti-pós-modernista, assumindo uma posição "pró-pós-modernista-cética". Aborda também algumas críticas feitas ao pós-modernismo, mas não toca nos limites de sua concepção de sujeito e da filosofia da diferença. Por outro lado, mesmo elaborações mais recentes, que tentam fazer reparos ao movimento *critical management studies*, são claramente pós-estruturalistas, como mostra o debate entre Clegg e seus co-autores, Willmott e Parker.

Clegg et al. (2006) fazem a crítica do movimento *critical management studies*, assumindo-o, erroneamente, como predominantemente teórico-crítico, dizendo que ser crítico do *management* não significa ser contra o *management* e defendendo uma abordagem polifônica, que abrange as diferenças e questiona as grandes narrativas. Willmott (2006), responde, coerentemente, argumentando que o *critical management studies* já defende esse tipo de abordagem, pois conforme o próprio *Manifesto pelo Critical Management Studies*, as várias tradições teóricas, inclusive o pós-estruturalismo, são conclamadas a questionar a opressão. Parker (2006), por sua vez, politicamente pergunta o que está sendo considerado *management* e sugere que Clegg e seus co-autores estão utilizando a palavra *management* no lugar de organização, de modo que não seriam a favor do *management*, mas a favor da organização e toda a diversidade que ela implica.

Por se tratar de uma voz praticamente solitária em defesa de convicções humanistas, Parker em geral recorre a um estilo jocoso e, muitas vezes, faz gracejos com suas próprias críticas ao pós-estruturalismo em uma manobra bem-humorada, até mesmo "pós-moderna" (ver Parker, 1993; 1995; 2001), criticando o que ele considera "masturbações acadêmicas" que nos distanciam da realidade. Nesse caso, no entanto, creio que poderia ter sido menos indulgente, pois ele acaba elaborando sua resposta sem dialogar de uma forma combativa com o pós-estruturalismo, como já fez em outros textos. Parker não aponta, por exemplo, uma falha básica cometida por Clegg et al. (2006): eles afirmam que a teoria crítica faz uma crítica da ideologia tomando-a como uma falsa consciência que torna os agentes incapazes de reação, o que já vimos que não é verdadeiro, pois mesmo os antecedentes da teoria crítica, como Korsch, Lukács e Bloch, negavam a ideologia como falsa consciência.

Essa mesma falha é cometida por Alvesson e Deetz (1998) em seu texto no *Handbook de estudos organizacionais*, que, apesar de defenderem a teoria crítica e o pós-modernismo como vertentes críticas, são favoráveis à posição pós-modernista. Aliás, uma leitura cuidadosa desse artigo possibilita perceber algumas formulações tendenciosas dos autores, que acabam realizando uma crítica pouco fundamentada da Escola de Frankfurt e colocando o pós-modernismo como uma forma mais sofisticada de crítica. Na verdade, tanto Clegg et al. (2006) como Alvesson e Deetz (1998) criam uma armadilha para si mesmos. Por um lado, dizem que os teóricos críticos fazem uma crítica da ideologia que torna os sujeitos inertes, o que é equivocado, pois a teoria crítica é totalmente fundamentada na ação humana; por outro, paradoxalmente, defendem como forma de reabilitar o sujeito o pós-estruturalismo, que faz a crítica do sujeito autoconsciente e assume sua fragmentação. Para evitar esses equívocos seria preciso retocar suas posições dando mais atenção aos fundamentos da crítica da ideologia feita pelos frankfurtianos e também aos antecedentes do pós-estruturalismo, bem como aos seus limites, no que se refere à questão do sujeito.

Até o momento demonstrei como os principais representantes do movimento *critical management studies*, com exceção de Parker, são partidários do pós-estruturalismo, cujos limites abordei nos capítulos anteriores. A seguir, analiso os estudos organizacionais em uma perspectiva crítica no Brasil, de modo a elucidar suas diferenças em relação ao *critical management studies* e seu comprometimento com o humanismo radical, bem como a existência de uma tradição autônoma de estudos nacionais nesse campo.

OS ESTUDOS ORGANIZACIONAIS EM UMA PERSPECTIVA CRÍTICA NO BRASIL

No Brasil, o interesse pelo movimento *critical management studies* aumentou após o lançamento do *Handbook of organization studies* (Clegg, Hardy e Nord, 1996), que trata desse e de outros temas emergentes em estudos organizacionais. Os organizadores da edição brasileira (Clegg et al., 1998, 2001, 2004) transcenderam a mera tradução, incluindo também notas técnicas de autores nacionais. De um modo geral, as abordagens teóricas tratadas no *Handbook* vêm pautando os trabalhos dos pesquisadores brasileiros: idéias de correntes como o neo-institucionalismo, a teoria crítica e o pós-modernismo vêm sendo utilizadas como referência nos artigos apresentados nos encontros e nas revistas especializadas nacionais. Observou-se, assim, a partir dos últimos anos da década de 1990, uma disseminação de pesquisas e publicações no campo dos estudos organizacionais: a área de organizações cresceu significativamente nos últimos encontros da Anpad (Associação Nacional de Programas de Pós-Graduação em Administração) e também foi criado, no ano 2000, o Eneo (Encontro Nacional de Estudos Organizacionais).

Apesar da evidente disseminação de estudos críticos causada pelo artigo de Alvesson e Deetz (1998) no *Handbook*, no Brasil esses estudos já existiam, pois quando cotejamos a produção do movimento *critical management studies* e a produção nacional crítica antes da década de 1990, dois autores sobressaem pelo seu pioneirismo na área. Alberto Guerreiro Ramos antecipa-se a várias obras internacionais, pois explicita preocupações típicas do campo dos estudos críticos em 1966, com a publicação do livro *Administração estratégica do desenvolvimento: elementos de uma sociologia especial da administração*, que seria reeditado em 1983 com o título *Administração e contexto brasileiro*. O seu livro mais conhecido, *A nova ciência das organizações*, publicado em 1981, teria sido o resultado de trinta anos de pesquisa e reflexão, que passaram pela publicação de *Introdução crítica à sociologia brasileira* (1957) e *A redução sociológica* (1958), conforme o próprio Guerreiro Ramos declara no prefácio. Maurício Tragtenberg, por sua vez, publica em 1956 seu primeiro trabalho de natureza crítica, *Planificação: desafio do século XIX*, que é seguido pelo artigo "A teoria geral da administração é uma ideologia?" (1971) e os livros que se tornaram clássicos na sociologia das organizações, *Burocracia e ideologia* (1974), baseado em sua tese de doutorado, defendida em 1973, e *Administração, poder e ideologia* (1980), que resultou de sua tese de livre-docência.

Guerreiro Ramos e Maurício Tragtenberg também anteciparam em suas obras preocupações com o indivíduo nas organizações. Em Guerreiro Ramos (1958), as raízes dessa preocupação encontram-se na proposição da redução sociológica inspirada na fenomenologia, que é uma das bases do existencialismo, e ganha corpo em seu último livro, que trata da racionalidade substantiva como fundamento de uma nova ciência das organizações. Já nos livros de Tragtenberg (1974; 1980), há referências precoces ao controle da subjetividade que seria promovida pela sociedade da informação, inspiradas por sua visão libertária e emancipadora, que advém das leituras marxistas heterodoxas e anarquistas que permeiam suas obras. No movimento *critical management studies*, essas mesmas preocupações adquiriram maior importância na década de 1990. No entanto, é na literatura de língua francesa que o assunto ganha maior proeminência, gerando uma série de trabalhos críticos, em que se destacam o pioneirismo de Eugène Enriquez (1972; 1990; 1997a; 1997b), além dos trabalhos de Max Pagès (1976; et al., 1987) e Christophe Dejours (1987; 1994; 1997; 1999).

Os estudos críticos no Brasil tiveram sua origem em um corpo teórico humanista, que se manifesta em Guerreiro Ramos por intermédio da fenomenologia de Husserl, do existencialismo cristão de Nikolai Berdiaeff e de leituras dos frankfurtianos, configurando uma fenomenologia crítica, e em Tragtenberg, no marxismo heterodoxo de Anton Pannekoek, Amadeo Bordiga e Rosa Luxemburg, bem com na visão anarquista, em especial de Kropotkin, tal como ocorre com Korsch, um dos precursores da teoria crítica frankfurtiana. Assim, quando comparamos os estudos críticos nacionais com a produção do *critical management studies*, percebemos que se trata de movimentos opostos, pois o primeiro é eminentemente humanista e o segundo predominantemente pós-estruturalista.

É esse detalhe que precisa ser enfatizado no debate sobre os estudos críticos realizados entre Misoczky e Amantino-de-Andrade (2005a; 2005b) e Alcadipani (2005) na *Revista de Administração Contemporânea*. Fazendo uma crítica da noção de emancipação apresentada por Alvesson e Willmott (1992a), Misoczky e Amantino-de-Andrade (2005a; 2005b) afirmam que o movimento *critical management studies* realiza uma crítica domesticada e chamam atenção para o valor dos críticos nacionais. Alcadipani (2005) responde demonstrando que o movimento é plural, mas que há uma predominância de perspectivas pós-estruturalistas, que justificam a microemancipação defendida por Alvesson e Willmott (1992a). No entanto, no debate, nenhum dos pesquisadores aprofundam os limites do pós-estruturalismo ou apontam que os críticos nacionais, cuja obra tem um caráter humanista, se opõem à corrente pós-estruturalista do *critical management studies*. Vieira e Caldas (2006) também realizam essa omissão quando tentam distinguir entre teoria crítica e pós-modernismo, enfatizando a questão da emancipação.

No Brasil, os estudos críticos tanto podem ter sido inspirados por Alberto Guerreiro Ramos e Maurício Tragtenberg como podem ter sido realizados em função de seus estímulos para que os pesquisadores brasileiros buscassem uma independência intelectual, considerada por eles essencial para o posicionamento crítico. No caso de Guerreiro Ramos esse tipo de estímulo está explícito em suas obras desde a década de 1950, como *A cartilha do aprendiz de sociólogo*, e é central em seu pensamento. Já Maurício Tragtenberg realizava essa tarefa no contato pessoal com seus alunos e parceiros intelectuais, como comprovam depoimentos sobre sua vida e obra (Accioly e Silva e Marrach, 2001; Valverde, 2001). Um exemplo disso é a obra de Fernando Prestes Motta (1981; 1986a; 1986b), que se destaca como trabalho de inspiração crítica no âmbito da teoria das organizações no Brasil. Conforme declara o próprio estudioso (Prestes Motta, 2001), seu contato estreito com Maurício Tragtenberg foi um forte incentivo para a busca de sua identidade intelectual nos estudos críticos.

Essas considerações permitem lançar as seguintes proposições, que serão averiguadas a seguir:

a) as obras de Guerreiro Ramos e Maurício Tragtenberg, que são essencialmente humanistas e antecipam as idéias tratadas pela corrente *critical management studies* e as preocupações exploradas nos estudos de língua francesa, influenciaram os estudos organizacionais brasileiros durante as décadas de 1980 e 1990, fundando uma tradição autônoma de estudos críticos no Brasil;

b) os pesquisadores que realizam estudos críticos no Brasil podem ser agrupados em pelo menos quatro categorias:

- os seguidores de Guerreiro Ramos, que utilizam seu pensamento como referência em seus trabalhos iniciais;
- os heterodoxos, inspirados por Maurício Tragtenberg;
- os seguidores da corrente *critical management studies*, que é mais recente e predominantemente pós-estruturalista;
- os estudiosos do indivíduo e de sua subjetividade nas organizações, temática que já era abordada por esses dois autores em suas obras e que foi intensivamente explorada pelos autores críticos de língua francesa durante a década de 1990.

A TRADIÇÃO AUTÔNOMA DOS ESTUDOS CRÍTICOS EM ORGANIZAÇÕES NO BRASIL

Tendo como ponto de partida essas proposições, entre 2005 e 2006 realizei uma pesquisa nos mesmos moldes do levantamento sobre os estudos críticos na produção científica brasileira na década de 1990 realizada por Davel e Alcadipani (2003), que apontou a baixa incidência de artigos críticos na produção nacional, além de algumas de suas especificidades. A diferença entre os dois levantamentos foi o período coberto (1980-2004), a inclusão dos Anais do Eneo, que começou a ser realizado em 2000, e o foco na área de Organizações do Enanpad (nos demais periódicos e congressos examinados foram incluídas todas as áreas temáticas). Assim, seguindo a lógica de acrescentar os mais conceituados periódicos e congressos nacionais na área de organizações e administração foram analisados os artigos dos seguintes: *Revista de Administração de Empresas* (RAE), *Revista de Administração Contemporânea* (RAC), *Revista de Administração Pública* (RAP), *Revista de Administração* (Rausp), revista *Organização & Sociedade*

(O&S), Anais do *Encontro Nacional de Estudos Organizacionais* (Eneo: 2000, 2002, 2004) e área de Organizações do *Encontro Nacional de Pós-Graduação em Administração* (Enanpad: 1981-1982, 1984-1986, 1988, 1989, 1990-2004 – alguns anais não foram incluídos, pois não foram localizados nem mesmo na própria Anpad).

Para classificar cada artigo como crítico, utilizei os mesmos critérios de Davel e Alcadipani (2003), ou seja, os três parâmetros definidores das fronteiras do *critical management studies* – a visão desnaturalizada da administração, a desvinculação da performance e a intenção emancipatória. Esses critérios foram extraídos pelos pesquisadores dos textos de Fournier e Grey (2006) e Alvesson e Willmott (1992b; 1996) e resolvi adotá-los não somente para possibilitar comparações entre as duas pesquisas, mas porque eles, de fato, ajudam a identificar um trabalho crítico. Embora tenham sido colocados por pós-estruturalistas também poderiam ter sido elaborados por teóricos críticos, pois a discordância entre eles aqui seria somente em torno do tipo de emancipação que estaria em jogo – a microemancipação ou a emancipação mais ampliada. Os critérios foram operacionalizados pelas mesmas questões propostas por Davel e Alcadipani (2003, p. 77):

a) *Visão desnaturalizada* – A organização e/ou a teoria são tratadas como sendo inseridas em um contexto sócio-histórico específico, como entidades relativas? O discurso organizacional é apresentado como sendo suscetível de falhas, contradições e incongruências? Os aspectos de dominação, controle, exploração e exclusão na teoria ou na prática são revelados e/ou questionados?

b) *Desvinculação da performance* – A preocupação com a melhoria de ganhos pecuniários, performance, rentabilidade, lucratividade e/ou produtividade orienta a pesquisa? O conhecimento gerado está submetido às questões de melhoria da performance, eficiência, eficácia e/ou lucratividade?

c) *Intenção emancipatória* – Os modos de exploração, dominação ou de controle que inibem a realização do potencial humano são identificados, denunciados ou levados em consideração? A emancipação das pessoas e a humanização da organização fazem parte dos objetivos do artigo?

De 4.896 artigos analisados, 328 (6,70%) foram selecionados como críticos. O modo como foram analisados os dados diferencia-se um pouco do que realizaram Davel e Alcadipani (2003), pois foram estabelecidos três cortes temporais (1980-1989, 1990-1999 e 2000-2004). Além disso, uma vez que o levantamento de Davel e Alcadipani (2003) demonstrou carência de influências pós-estruturalistas, não enfatizei seus autores e procurei identificar os autores críticos mais citados entre os artigos selecionados de cada período: Karl Marx, brasileiros (Alberto Guerreiro Ramos e Maurício Tragtenberg), frankfurtianos (Theodor Adorno, Max Horkheimer, Herbert Marcuse, Jürgen Habermas) e Michel Foucault. Também investiguei citações de membros do movimento *critical management studies* (Mats Alvesson, Stanley Deetz, Hugh Willmott, Martin Parker, John Hassard, Chris Grey, David Knights, Gibson Burrell) e de autores críticos de língua francesa (Max Pagès, Christophe Dejours, Eugène Enriquez).

Os resultados obtidos por meio da observação da evolução temporal (Tabela 1) confirmam a primeira proposição que indica que há uma tradição de crítica antecedente ao movimento do *critical management studies* no Brasil. Isso porque foram identificados 6,38% de artigos críticos no total de artigos entre 1980-1989, com Karl Marx vencendo no número de citações (29,33%), seguido por Maurício Tragtenberg (22,66%) e Alberto Guerreiro Ramos (18,66%) (Tabela 2).

Tabela 1 Percentual de artigos críticos por período

Períodos	Total	Críticos	%
1980-1989	1.175	75	6,38
1990-1999	1.990	88	4,42
2000-2004	1.731	165	9,53
Total	4.896	328	6,70

Tabela 2 Autores mais citados nos artigos críticos selecionados

	Citação/Período %			
Autores	1980-1989	1990-1999	2000-2004	TOTAL
Guerreiro Ramos, A.	18,66	31,81	27,27	26,52
Habermas, J.	9,33	30,68	19,39	20,12
Pagès, M.	13,33	21,60	18,18	17,98
Burrell, G.	1,33	4,56	29,70	16,46
Alvesson, M.	1,33	6,82	27,87	16,16
Foucault, M.	12,00	6,81	21,81	15,54
Marx, K.	29,33	11,36	10,30	14,93
Tragtenberg, M.	22,66	7,95	14,54	14,63
Enriquez, E.	4,00	15,90	18,18	14,33
Marcuse, H.	10,66	18,18	9,70	12,20
Dejours, C.	0	7,95	12,12	8,23
Deetz, S.	0	0	9,70	8,23
Willmott, H.	0	2,27	15,15	8,23
Hassard, J.	0	2,27	12,72	7,01
Parker, M.	0	0	13,33	6,70
Horkheimer, M.	0	7,95	8,48	6,40
Adorno, T.	1,33	6,82	7,27	5,79
Knights, D.	0	2,27	8,48	4,88
Grey, C.	0	0	4,84	2,44

A década de 1990, período examinado por Davel e Alcadipani (2003) no qual o movimento do *critical management studies* se estruturava na Europa e nos EUA, apresentou uma queda do percentual para 4,42% [a diferença para os 2% encontrados por Davel e Alcadipani (2003) deve-se à não-inclusão de todas as áreas temáticas do Enanpad, que aumentam o número total de artigos] que talvez possa ser justificada pelo avanço das visões gerencialistas nessa época. Alberto Guerreiro Ramos lidera no número de citações (31,81%), seguido por Jürgen Habermas (30,68%) e Max Pagès (21,60%), sendo perceptível a retração do marxismo com Karl Marx caindo para a sexta posição (11,36%) e Maurício Tragtenberg para a sétima posição (7,95%).

Entre 2000 e 2004, confirma-se a tendência de aumento da produção identificada por Davel e Alcadipani (2003) no final da década de 1990 com um salto no percentual para 9,53% do total de artigos e fica claro o impacto do movimento *critical management studies* com Gibson Burrell (29,70%) e Mats Alvesson (27,87%), que lideram as citações, embora seguidos de perto por Alberto Guerreiro Ramos (27,27%). A citações das obras de Maurício Tragtenberg apresentam uma reação passando de 7,95% para 14,54%, mas outros membros do movimento *critical management studies* ganham espaço como Hugh Willmott (15,15%), Martin Parker (13,33%) e John Hassard (12,72%). Vale destacar também o número de citações dos autores de língua francesa: Max Pagès (18,18%), Eugène Enriquez (18,18%) e Christophe Dejours (12,12%).

Os resultados gerais confirmam a persistência da tradição autônoma de crítica no Brasil, com Alberto Guerreiro Ramos liderando as citações (26,52%) e Maurício Tragtenberg mantendo uma boa média (14,63%). Entre os frankfurtianos os mais citados são Jürgen Habermas (20,12%), que ocupa o segundo lugar, e Herbert Marcuse (12,20%). Os autores de língua francesa destacam-se pelas constantes citações ao longo das décadas de Eugène Enriquez (14,33%) e Max Pagès (17,98%), que ocupa o terceiro lugar no cômputo total. O movimento *critical management studies* é representado por Gibson Burrell (16,46%) e Mats Alvesson (16,16%), respectivamente na quarta e quinta posições.

De um modo geral, podemos afirmar que no Brasil, principalmente, a influência marxista e os autores nacionais deram origem à corrente crítica, pois Karl Marx, Maurício Tragtenberg e Guerreiro Ramos ocupavam, nessa ordem, as primeiras colocações no que se refere ao número de citações na década de 1980. Também vale destacar o impacto de Max Pagès e Michel Foucault, da Escola de Frankfurt, na figura de Herbert Marcuse, com, respectivamente, 13,33%, 12% e 10,66% das citações no mesmo período.

CRÍTICOS BRASILEIROS

Tendo como referência a segunda proposição, a seguir são apresentados os autores nacionais que se destacaram no levantamento pela produção realizada e pelo fato de terem sofrido influências de Guerreiro Ramos ou Maurício Tragtenberg. Também se discute o impacto do movimento *critical management studies* e dos estudos de língua francesa sobre a administração da subjetividade no sentido de gerar seguidores destas correntes.

Seguidores de Alberto Guerreiro Ramos

O legado de Guerreiro Ramos continua sendo reelaborado e enriquecido por pesquisadores que procuram dar continuidade ao seu trabalho e reforçam os estudos organizacionais em uma perspectiva crítica. Entre seus seguidores, destaca-se, em primeiro lugar, Ramon Moreira Garcia, que, como consta de Gutierrez, Freitas e Catani (2004), realizou seu mestrado em 1976 com a dissertação *Introdução aos mecanismos de controle social nas organizações* e foi orientando de Alberto Guerreiro Ramos no doutorado realizado na University of Southern California, mas que não chegou a concluir em razão de problemas de saúde. Ramon Moreira Garcia foi professor do Departamento de Administração e Recursos Humanos da Eaesp-FGV a partir de 1971 e tinha grande interesse por cooperativas, autogestão, uso apropriado de tecnologia e questões ambientais. Intelectual irrequieto, teve dificuldades em arranjar interlocutores no meio acadêmico e, conseqüentemente, sua carreira foi marcada por altos e baixos. Faleceu em 1995 sem o título de doutor que tantas vezes tentou obter.

Maurício Roque Serva de Oliveira, ex-professor da UFBA e atualmente docente da PUC-PR, é outro seguidor de Guerreiro Ramos. Obteve o título de doutorado em administração em 1996 com a tese *Racionalidade e organizações: o fenômeno das organizações substantivas*, sob orientação do Prof. Peter Kevin Spink, na Eaesp-FGV. Seu trabalho caracteriza-se por uma tentativa de continuar a agenda de pesquisa deixada por Guerreiro Ramos em *A nova ciência das organizações* fazendo uma aproximação entre a racionalidade substantiva abordada por Guerreiro e a racionalidade comunicativa de Jürgen Habermas (Serva, 1996) para caracterizar as organizações substantivas, mais voltadas para a realização e a emancipação dos grupos e indivíduos. Nos seus artigos, há citações freqüentes de autores da Escola de Frankfurt. Além disso, Maurício Serva também realizou trabalhos de inspiração interpretacionista que enfatizam o uso da antropologia para estudar as organizações. Mais recentemente o pesquisador vem se dedicando às questões relacionadas à gestão pública e à cidadania.

Na Ebape-FGV temos Fernando Guilherme Tenório, que reconhece sua dívida intelectual com Guerreiro Ramos no artigo "Superando a ingenuidade: minha dívida a Guerreiro Ramos" (Tenório, 1997). Sua tese de doutorado na engenharia da UFRJ, *Flexibilização organizacional: mito ou realidade?*, orientada por Rogério Bastos Vale, defendida em 1996 e publicada como livro

(Tenório, 2000), faz um resgate da Escola de Frankfurt e busca na razão comunicativa habermasiana um caminho para mediar as relações de poder nas organizações e alcançar a emancipação. Os seus artigos tratam de questões que foram importantes para Guerreiro Ramos e fazem uso recorrente de autores da teoria crítica frankfurtiana da primeira (Theodor Adorno, Max Horkheimer, Herbert Marcuse) e da segunda gerações (Jürgen Habermas). Fernando Tenório também vem se dedicando ao estudo da gestão pública e de organizações não-governamentais, tendo em vista uma perspectiva emancipatória.

Esses são apenas alguns nomes, pois o pensamento de Guerreiro Ramos influenciou um grande número de pesquisadores no campo da administração e das ciências sociais, como, por exemplo, na UFSC, na qual ele teve uma efetiva participação como docente. Guerreiro Ramos continua influenciando as novas gerações e vale ainda ressaltar que seu trabalho na University of Southern California possibilitou disseminar suas idéias fora do Brasil e angariar simpatias de pesquisadores internacionais, como comprova o artigo recente de Ventriss e Candler (2005), que resgatam suas contribuições para a administração pública e as ciências sociais.

Heterodoxos influenciados por Maurício Tragtenberg

Com uma produção de 22 artigos de caráter crítico, Fernando Cláudio Prestes Motta destaca-se entre os críticos brasileiros. Foi professor da Eaesp-FGV e defendeu sua tese de doutorado em administração nessa instituição. O trabalho *Burocracia e autogestão*, defendido em 1980, publicado como livro (Prestes Motta, 1981), foi inspirado em uma provocação de Maurício Tragtenberg, que foi seu professor e colega de profissão, como o próprio Fernando Prestes Motta (2001) relata. Sua trajetória heterodoxa partiu de um marxismo gramsciano até chegar à psicanálise, saindo da crítica da racionalidade burocrática para chegar à centralidade da psique humana no estudo dos fenômenos organizacionais, passando por obras como *Participação e co-gestão, Organização e poder, Teoria das organizações* e *Vida psíquica e organização* (Prestes Motta 1984, 1986a, 1986b; e Prestes Motta e Freitas, 2000). Nesse percurso, o estudioso abordou autores como Michel Foucault e críticos de língua francesa tais como Enriquez, Pagès e Dejours, bem como Sigmund Freud e Carl Gustav Jung, autores que estava estudando quando nos deixou em 2003.

José Henrique de Faria, da UFPR, publicou 16 artigos na área estudada e, atualmente, é um dos críticos brasileiros mais atuantes. Obteve seu título de doutor em administração na FEA-USP em 1986 com a tese *Poder e trabalho: as comissões de fábrica e a gestão das unidades produtivas*, orientada oficialmente por Oswaldo Scaico e oficiosamente por Maurício Tragtenberg, com quem conviveu e trocou muitas idéias. Seguiu seu caminho assumindo uma posição marxista, também com um toque heterodoxo pela influência de críticos psicossociais como Enriquez, Pagès e Dejours. Publicou vários livros (Faria, 1985a; 1985b; 1987; 1992), com destaque para o recente *Economia política do poder* (Faria 2004a, 2004b; 2004c), editado em três volumes, no qual consolida 25 anos de pesquisa no campo dos estudos críticos e reavalia a questão do poder nas organizações.

Tragtenberg, assim como Guerreiro Ramos, também influenciou diversos pesquisadores, pois atuou tanto na área de organizações como na área de ciência política e de educação, uma vez que, além de ser professor na Eaesp-FGV, ministrou aulas no curso de ciências sociais na PUC de São Paulo e na Unicamp, em que foi um dos fundadores da faculdade de educação. O livro de Accioly e Silva e Marrach (2001) traz depoimentos de diversos orientandos de Tragtenberg, além de intelectuais que se inspiraram em sua obra.

Movimento *critical management studies* e os estudiosos do controle da subjetividade nas organizações

A pesquisa realizada demonstrou que os autores do movimento *critical management studies* passaram a ser intensivamente citados a partir de 2000. Estudiosos do indivíduo e da subjetividade nas organizações, como Enriquez e Pagès, estão presentes na década de 1980 e têm um bom número de citações nas décadas de 1990 e 2000, quando Dejours é incluído na lista de autores referenciados.

O aumento do número de artigos críticos a partir de 2000 e as citações de Burrell, Alvesson, Deetz, Willmott, Parker e Hassard evidenciam a tendência brasileira de seguir correntes internacionais e utilizar autores estrangeiros, ponto que vem sendo abordado por muitos estudiosos das organizações (Carrieri e Rodrigues, 2001; Vergara e Pinto, 2001). No entanto, um exame acurado dos dados demonstrou que não há seguidores declarados do movimento *critical management studies* ou autores de língua francesa, uma vez que não foi possível identificar um autor crítico brasileiro cuja identidade acadêmica estivesse ligada à produção da França. Na verdade, as citações a essa produção são realizadas de uma forma subsidiária, como complemento de uma identidade enraizada em autores nacionais.

Fernando Cláudio Prestes Motta e José Henrique de Faria, por exemplo, utilizam Pagès, Enriquez e Dejours como referencial, mas foram fortemente influenciados por Maurício Tragtenberg, cujas preocupações com a questão da administração da subjetividade remontam à década de 1970. Maria Ester de Freitas, conhecida por sua articulação com autores de língua francesa, em especial Enriquez, foi orientada e influenciada por Fernando Prestes Motta. Fernando Tenório e Maurício Serva citam Habermas e alguns autores do movimento *critical management studies*, mas têm como ponto de partida Guerreiro Ramos. Além disso, de um modo geral, outros autores brasileiros das mais diversas instituições que fazem referência ao movimento *critical management studies* o utilizam para marcar o viés crítico, mas ainda estão em busca de uma identidade acadêmica mais definida.

Dessa forma, a segunda proposição não se confirma completamente, pois não foi possível identificar seguidores do movimento *critical management studies*, e os estudiosos brasileiros do controle da subjetividade nas organizações sofreram em primeiro lugar a influência de autores críticos nacionais. Assim, os estudos críticos no Brasil representam um singular caso de um dos sentidos da redução sociológica de Guerreiro Ramos (1958): a assimilação crítica da cultura e da produção sociológica estrangeira. A autonomia da produção acadêmica nacional era uma busca de Guerreiro Ramos, que foi herdada por seus seguidores e pôde se realizar no âmbito dos estudos críticos, mesmo porque ser crítico implica fazer seu próprio caminho e ter uma identidade bem-definida.

Nesse percurso, é importante resgatar os referenciais teóricos que influenciaram os críticos brasileiros. Dessa forma, vale uma releitura dos marxistas ocidentais (como Korsch, Gramsci, Sartre, Lukács), dos marxistas heterodoxos (como Rosa Luxemburg, Pannekoek, Matick, Makhaïski) e dos anarquistas (como Kropotkin, Prodhoun), assim como de textos de correntes que dialogam com o marxismo: a teoria crítica frankfurtiana, a sociologia do conhecimento e o existencialismo. Mantida a epistemologia crítica, as metodologias interpretativas, como a etnografia, e a análise de discurso, parecem um caminho promissor para que os estudos críticos superem a barreira dos trabalhos teóricos e se consolidem no campo teórico-empírico.

Além disso, é fundamental, como recomenda Bronner (1997), que os estudos críticos busquem uma direção positiva e um interesse prático nas questões sociais, mantendo sua intenção emancipatória. Por esse motivo, trabalhos no campo da autogestão e da gestão pública são bem-vindos, bem como pesquisas que desvendam as assimetrias de poder e enfatizam os contextos nos quais a subjetividade pode se manifestar. É fundamental perceber que não basta a crítica pela crítica: temas como solidariedade, responsabilidade e utopia também precisam estar presentes nas preocupações dos pesquisadores, pois a perspectiva de mudança social é um dos pilares fundamentais dos estudos críticos.

Com o objetivo de tornar mais claras as diferenças entre os críticos brasileiros e o movimento *critical management studies*, nos próximos dois capítulos serão abordadas as contribuições de Alberto Guerreiro Ramos e Maurício Tragtenberg para os estudos críticos no campo das organizações. A minha intenção é que o leitor conheça as principais características do pensamento desses autores e compreenda como eles se posicionam no âmbito do humanismo radical uma vez que dão destaque à centralidade do sujeito, à intenção emancipatória e às novas formas de organização, especialmente àquelas que contemplam o interesse público.

capítulo 4

Guerreiro Ramos – Resgatando o Pensamento de um Fenomenólogo Crítico das Organizações

Neste capítulo, aponto as contribuições de Alberto Guerreiro Ramos para os estudos críticos em administração, evidenciando o quanto esse autor antecipa as preocupações e proposições dessa corrente dos estudos organizacionais. Por sua atuação junto ao Instituto Superior de Estudos Brasileiros (Iseb) e suas visões nacional-desenvolvimentistas, Guerreiro Ramos costuma ser apontado como um autor datado, cuja obra não pode mais ajudar na elucidação de questões contemporâneas. Para Oliveira (1995), Guerreiro Ramos foi esquecido porque suas análises, assim como as do Iseb, estão muito comprometidas com as circunstâncias históricas que as geraram. Apesar disso, Oliveira (1995) afirma que suas preocupações metodológicas continuaram atuais, em especial a crítica na eficácia imanente das teorias e instituições importadas.

Concordo apenas parcialmente com a autora sobre o que é atual no pensamento de Guerreiro Ramos. Em primeiro lugar, porque em seus últimos trabalhos o autor renovou suas visões de nacionalismo e desenvolvimento. Por outro lado, depois de sua saída do Iseb em 1958 e da publicação de *Mito e verdade da revolução brasileira*, que foi recolhido das livrarias com a sua cassação como deputado em 1963, o autor realizou o ponto de inflexão necessário para revitalizar sua obra. As dificuldades com os companheiros do Iseb e com a carreira política o levaram a uma atuação independente que o conduziu gradativamente para a sociologia das organizações. Nesse percurso, Guerreiro Ramos manteve-se fiel aos princípios de seu pensamento sociológico, além de fundar as bases para uma nova teoria das organizações.

Tendo em vista o objetivo deste capítulo, em primeiro lugar analiso o existencialismo, a fenomenologia e o marxismo no pensamento de Guerreiro Ramos. Em seguida, abordo as possibilidades para analisar a obra de Guerreiro Ramos e discuto os sentidos da redução sociológica para demonstrar os alicerces de sua sociologia crítica das organizações. Aprofundo então a análise do livro *A nova ciência das organizações* para evidenciar como seu posicionamento crítico possibilitou a elaboração de uma nova teoria organizacional. Finalizo o capítulo com uma discussão sobre a agenda de pesquisa deixada por Guerreiro Ramos para os estudiosos das organizações

O EXISTENCIALISMO, A FENOMENOLOGIA E O MARXISMO NO PENSAMENTO DE GUERREIRO RAMOS

A influência das visões existencialistas na obra de Guerreiro Ramos é muito marcante e remete às leituras do existencialista cristão Nikolai Berdiaeff na sua juventude e de outros autores existencialistas realizadas no Instituto Superior de Estudos Brasileiros (Iseb), do qual ele fez parte. De acordo com Giles (1989), o existencialismo tem suas bases na fenomenologia, pois estuda as estruturas existenciais e aponta que os fatos envolvidos com a existência são os da consciência e não os sociais. Embora o existencialismo de Jaspers e Marcel tenha suas diferenças em relação ao existencialismo de Jean-Paul Sartre e dos autores franceses, todos concordam que a existência precede a essência, ou seja, que temos de partir da subjetividade. Em 1943, Sartre publicou *O ser e o nada* (2005), livro no qual expõe as proposições básicas do existencialismo, enumeradas a seguir:

- O homem primeiramente existe no mundo e só depois se define: a sua vida não está predeterminada, pois é fruto de suas escolhas, ou seja, a existência, que está diretamente ligada à subjetividade humana, precede a essência, que representa aquilo que o individuo é no mundo. Em outras palavras, o homem existe antes de ser algo: quando ele vem ao mundo é nada e pelas suas escolhas adquire essência. Pelo fato de o homem escolher o que vai ser no instante seguinte, ele é livre e responsável por suas decisões, e a liberdade é a capacidade de o homem decidir sua vida, escolhendo-a e responsabilizando-se por ela.
- O homem precisa defender essa liberdade e preservar a sua autenticidade combatendo os constrangimentos que o impedem de fazer suas escolhas, o que torna o existencialismo uma filosofia da ação.
- O existencialismo é um humanismo radical, pois toma a subjetividade como ponto de partida, impedindo que o homem se torne objeto e fazendo prevalecer sua condição de sujeito.
- O homem não está sozinho no mundo de modo que seus atos individuais devem ter validade ética universal, ou seja, levar em consideração o bem coletivo.

Dessa forma, podemos verificar que o existencialismo é uma perspectiva filosófica firmemente baseada na tradição subjetivista, fenomenológica e na ação (práxis) no sentido marxista, pois existencialistas se ocupam das patologias da construção social do cotidiano e se inspiram em um vigoroso humanismo, bem como no desejo de mudar a ordem social. Apesar de tratar questões que interessam aos estudos organizacionais, o existencialismo foi pouco utilizado nesse campo, embora Burrell e Morgan (1979) discutam em *Sociological paradigms and organizational analysis* suas contribuições para esses estudos como humanismo radical.

Para interpretar o posicionamento de Guerreiro no que se refere ao marxismo, é importante discutir as relações entre o existencialismo e o marxismo. Em *Questões do método* (2002b), Sartre afirma que o existencialismo teria se desenvolvido à margem do marxismo e não contra ele, pois ambos visam ao mesmo objeto, no sentido de que priorizam a ação em relação ao saber. No entanto, o marxismo estaria sofrendo uma paralisia, uma cristalização, pois teria colocado a teoria de um lado e a práxis, ação, de outro. O marxismo teria reabsorvido o homem na idéia enquanto o existencialismo o procura em toda parte – no trabalho, na casa e na rua, ou seja, o marxismo teria se afastado da preocupação da ação humana pela liberdade já que ficou preso na teorização dessa ação.

Apesar da crítica, Sartre não descarta o marxismo. Na realidade tenta realizar uma conciliação entre o existencialismo e o marxismo em *Crítica da razão dialética* (2002a), pois acredita que o existencialismo poderia renovar o marxismo. Outros autores são da mesma opinião, como, por exemplo, Anderson (1989) e Jameson (1997), marxistas com uma grande afinidade com o pensamento de Sartre, que apontam o filósofo como um marxista ocidental, pois este, assim como os frankfurtianos, teria se inspirado nos *Manuscritos econômico-filosóficos* de Marx (2004), um de seus escritos da juventude. No entanto, alguns defensores do existencialismo (Bornheim, 2000) criticam Sartre por essa tentativa, pois acreditam que ela teria obscurecido o existencialismo, uma vez que interpretam as duas tradições como inconciliáveis, já que o marxismo se preocupa com a inquietação social e o existencialismo, com as exigências da subjetividade humana.

Outro ponto que devemos levar em consideração para interpretar Guerreiro Ramos é o posicionamento do Instituto Superior de Estudos Brasileiros (Iseb), do qual ele fez parte, em relação ao marxismo no Brasil daquela época. No artigo "O Iseb no banco dos réus" Motta (2000) tece algumas considerações importantes sobre a questão do marxismo no Iseb, apontando que seus críticos, como Toledo (1982), acreditam que a leitura heterodoxa que os isebianos fazem do marxismo seria distorcida. Assim, enquanto no pós-1964 os detentores do poder perseguiam os isebianos por excesso de marxismo, alguns críticos marxistas estigmatizaram esses intelectuais por emprego insuficiente da ciência marxista. O que está em jogo aqui são visões e leituras diferenciadas do marxismo. Os isebianos ressaltavam o caráter existencial, ético e humanista do pensamento de Marx, valorizando, a exemplo do que fizeram os frankfurtianos, outros marxistas ocidentais e o próprio Sartre, o Marx da juventude. Os críticos do Iseb tinham uma posição mais ortodoxa, influenciada pela corrente marxista predominante naquela época que era o marxismo estruturalista, objeto de crítica dos isebianos. Por outro lado, os isebianos também rejeitavam o marxismo-leninismo e as práticas autoritárias dele advindas. Segundo Simon Schwartzman (1983), era importante para os isebianos que sua obra se diferenciasse da ortodoxia marxista e de uma ciência social meramente universitária, acrítica e sem uma participação política mais direta.

De acordo com Dosse (1993), nas décadas de 1950 e 1960 havia um claro embate entre o existencialismo e o estruturalismo, movimento intelectual que se opôs a Sartre. Já vimos que marxistas estruturalistas como Lévi-Strauss, Lacan, Althusser e Barthes colocam a estrutura no lugar do sujeito e a ideologia no lugar dos sentimentos e ações. Acompanhado por Lefort, Edgar Morin, Castoriadis, Deleuze e Guatari, em 1966 Sartre declarou que não se falava mais de consciência do sujeito, mas de regras, de códigos e sistemas: eles simplesmente tinha perdido o sujeito de vista. Dessa forma, não é de se estranhar que os isebianos, entre eles, Guerreiro Ramos, que eram alinhados ao existencialismo, tenham se colocado no campo oposto e criticassem o marxismo daquela época, que era influenciado pelo estruturalismo.

Aliás, no Brasil, as leituras do marxismo foram bastante influenciadas pelo estruturalismo. Os estudiosos do marxismo parecem ter se libertado desse viés apenas a partir da década de 1970 pela aproximação com a Teologia da Libertação, que estimulou a leitura de marxistas ocidentais como Lukács e Gramsci.

Na contramão dessa tendência estruturalista, Guerreiro Ramos, que esteve fora do Brasil na década de 1960, recorre a outros marxistas ocidentais, os frankfurtianos, nos quais se baseia para fazer a crítica da racionalidade instrumental em *A nova ciência das organizações* (1983). Ao longo da obra, notam-se críticas ao marxismo, embora uma leitura atenta demonstre que não há uma tomada de posição definitiva. Guerreiro oscila entre criticar e adotar idéias do marxismo em sua inspiração existencialista e frankfurtiana. No entanto, o estudioso nunca se declarou um marxista nem teve tempo de aprofundar algumas questões que poderiam esclarecer a sua posição após *A nova ciência das organizações* (1983). Por esse motivo, atualmente alguns discordam que Guerreiro Ramos tenha realizado estudos críticos, posição com relação à qual tenho alguma divergência, pois, apesar das críticas ao marxismo, ele recorria aos frankfurtianos como fonte e foi influenciado pelo humanismo radical existencialista.

Sartre, ao tentar aproximar o existencialismo do marxismo, fez uma escolha, já que acreditava que era importante não rejeitar o marxismo em nome de uma terceira via, mas reconquistar o homem no âmago do marxismo. Dessa forma, coloca-se como um marxista humanista. Guerreiro opta por transcender o positivismo e o marxismo, mas, ao não se manifestar claramente quanto à tentativa de Sartre e à própria questão do marxismo, acabou possibilitando aos seus críticos a acusação de um humanismo idealista e de um emprego insuficiente do marxismo.

Naturalmente isso não invalida a contribuição da obra de Guerreiro Ramos, além de trazer a questão da importância de refletir o contexto no qual ela foi gerada. Ramon Garcia (1983) faz uma interessante consideração sobre isso, afirmando que para compreender Guerreiro não basta ler seus livros; é preciso conviver com a sua obra e dialogar com ela, pois Guerreiro tinha hábitos esotéricos na sua forma de comunicação, o que talvez seja uma conseqüência de sua experiência na época do Estado Novo, quando as pessoas eram obrigadas a dizer as coisas de uma maneira cifrada. Além disso, Guerreiro freqüentemente aconselhava Ramon Garcia a conter suas palavras e ler o livro de Strauss *Escrever sob perseguição*.

Além do existencialismo, Guerreiro Ramos também foi influenciado por suas bases fenomenológicas e, em especial, por Husserl. É a partir da redução fenomenológica de Husserl que Guerreiro Ramos vai derivar sua redução sociológica, que é um dos elementos fundamentais de seu pensamento. A leitura da Escola de Frankfurt levaria Guerreiro Ramos a radicalizar sua posição modernista e humanista, que estabelece a centralidade do sujeito na elaboração de uma nova teoria das organizações, fundada na razão substantiva, que é voltada para valores. Dessa forma, Guerreiro Ramos não rompe com a filosofia da consciência, situando-se como um fenomenólogo crítico e tornando-se uma referência importante na busca de um neo-humanismo.

TRÊS POSSIBILIDADES PARA ANALISAR GUERREIRO RAMOS

A obra de Guerreiro Ramos é vasta e permite várias leituras, de modo que, para analisá-la, foi indispensável buscar critérios de escolha dos textos que deveriam ser lidos e dos elementos que deveriam ser observados. Nesse sentido, França (1983) realiza uma importante contribuição, pois aponta três possibilidades de abordagem da obra de Guerreiro. Para o autor, a primeira possibilidade seria utilizar como referência os pontos que compõem a agenda básica que permeia sua obra:

- uma avaliação histórica da teoria política e administrativa, pois a ausência de uma consciência sistemática das origens e destinação histórica dessas teorias estaria nos incapacitando de compreender corretamente os fenômenos sociais e organizacionais;
- um humanismo radical, que percebe o potencial de destruição presente no fenômeno organizacional moderno, sobretudo nas formas de organização utilitaristas e dominadas pelo *ethos* do mercado;
- uma análise da síndrome comportamentalista, que impossibilita o estabelecimento da superioridade do indivíduo como centro e objeto dos sistemas sociais, fazendo da teoria organizacional e social contemporâneas mais um instrumento de conformação social do que uma ciência;
- a crítica da burocracia como instância intrinsecamente modernizadora e também do potencial benéfico da sociedade organizacional;
- a conceituação da multiplicidade de instrumentos de produção à disposição dos sistemas sociais;
- a crítica do mercado como categoria de entendimento das realidades sociais;
- o problema da bidimensionalidade do conceito de racionalidade.

Vale ressaltar que boa parte desses pontos fazem parte da agenda de pesquisa do movimento *critical management studies* (Alvesson e Willmott, 1992b; 1993; Alvesson e Deetz, 1998), mas foram enumerados por França pelo menos dez anos antes de o movimento se consolidar na Inglaterra. A segunda possibilidade apontada por França (1983) para abordar a obra de Guerreiro Ramos seria examinar essa mesma agenda a partir de duas categorias conceituais propostas pelo autor no início da década de 1950: a hipercorreção, que é a tendência dos atores sociais de atribuírem uma eficiência direta à idéias e teorias importadas, negligenciando os contextos nas quais estas foram criadas e estão sendo aplicadas; e o pragmatismo crítico, que é característica dos atores sociais, que se identificam com o elemento nacional e são sensíveis às condições contextuais do meio em que vivem, de questionarem a exemplaridade.

A terceira possibilidade apontada por França (1983) para estudar a obra de Guerreiro Ramos é revisitar o livro *Administração e estratégia do desenvolvimento* (Guerreiro Ramos, 1983) com dois objetivos: 1) avaliar as percepções de Guerreiro Ramos sobre o fenômeno administrativo; e 2) verificar a evolução dessas percepções até a publicação do livro *A nova ciência das organizações* (Guerreiro Ramos, 1989). Na visão de França (1983), nesses livros, Guerreiro Ramos prioriza um exame sociológico e histórico do fenômeno administrativo, além de enfatizar a importância de impedir que a categoria da hipercorreção se torne dominante no âmbito da política e da administração.

Considerando a intenção deste capítulo, acredito que a terceira abordagem apontada por França (1983) seja a mais apropriada para fazer a análise da obra de Guerreiro Ramos. Apesar disso, também pretendo ter como referencial a agenda básica que circunda sua obra, bem como as categorias de hipercorreção e pragmatismo crítico, pois esses elementos contribuem para definir o posicionamento crítico do estudioso perante os fenômenos organizacionais. Em seguida, abordarei os sentidos que Guerreiro Ramos atribuía à redução sociológica, um dos conceitos fundamentais para entender a fenomenologia crítica que sustenta seu pensamento.

Os três sentidos da redução sociológica

Na década de 1950, Guerreiro Ramos atuava no Iseb no Rio de Janeiro, que se opunha à escola sociológica paulista organizada em torno de Florestan Fernandes na Universidade de São Paulo e criticava abertamente a situação da sociologia brasileira. Para

Guerreiro Ramos (1995), a sociologia brasileira tende a adotar literalmente o que se considera mais avançado nos centros europeus e norte-americanos e que não é fruto de esforços para promover a autodeterminação da sociedade brasileira, mas da observação do contexto nacional pelos olhos do estrangeiro que nos interpreta.

Na visão de Guerreiro Ramos, a sociologia nacional deveria realizar uma autocrítica para colaborar com a autoconsciência nacional, ganhando funcionalidade, intencionalidade e organicidade que a tornariam uma teoria militante da própria realidade nacional. Em uma entrevista concedida ao jornal *Última Hora*, em 28 de julho de 1956, Guerreiro Ramos declara sua preocupação em criar um método que ajude o pesquisador a evitar a hipercorreção. Pouco depois, Guerreiro Ramos publicaria *Introdução crítica à sociologia brasileira* (1995), no qual articula todas suas críticas à sociologia nacional e abre o caminho para o livro seguinte, *A redução sociológica* (1965).

No prefácio da segunda edição dessa última obra, publicada em 1965, Guerreiro Ramos resgata a trajetória de seu pensamento e afirma que já mencionava em seus trabalhos anteriores que o sociólogo brasileiro usava a produção sociológica estrangeira sem se dar conta de seus pressupostos históricos. Na sua visão, em vez de senso crítico, o sociólogo brasileiro parecia preferir exibir conhecimento de conceitos e técnicas importadas. Ainda nesse prefácio, Guerreiro Ramos afirma que a redução sociológica foi focalizada apenas parcialmente nesse livro, pois em *Mito e verdade da revolução brasileira* (1963) trabalhou um outro sentido do conceito. Anos mais tarde, ele vai repetir essa afirmação no prefácio à edição brasileira do livro *A nova ciência das organizações*, publicado no Brasil em 1981, dizendo que nessa obra desenvolveu o terceiro sentido da redução sociológica, completando o trabalho iniciado na década de 1950. Guerreiro Ramos (1989) assim definiu os sentidos da redução sociológica: um método para a assimilação crítica da cultura e produção sociológica estrangeira; uma atitude parentética, isto é, um adestramento cultural do indivíduo para habilitá-lo a transcender, no limite do possível, as pressões sociais organizadas que massificam as condutas impedindo a autonomia e a livre expressão; e uma superação da sociologia nos termos institucionais e universitários em que se encontra.

Esses sentidos da redução sociológica, que são permeados pelos conceitos de hipercorreção e pragmatismo crítico, também constituem a base pela qual Guerreiro Ramos vai desenvolver sua sociologia crítica das organizações. Considerando que esses sentidos compõem o eixo de sustentação de sua obra, utilizarei os mesmos como referencial para estruturar a discussão sobre as contribuições de Guerreiro para os estudos críticos em administração.

O primeiro sentido da redução sociológica: a nacionalização da teoria

O método da redução sociológica, que é um dos pilares fundamentais do pensamento de Guerreiro Ramos e orientou seus estudos sobre as organizações, tem uma inspiração eminentemente fenomenológica. Na visão do autor, a mudança nas condições materiais que se observava na economia e sociedade brasileiras na década de 1950 deveria ser acompanhada do abandono da importação da teoria sociológica e da prática de sua assimilação crítica, que ele vai chamar de redução sociológica. Para Guerreiro Ramos, redução é a eliminação de tudo que perturba o esforço de compreensão e obtenção essencial de um dado, seja esse teórico ou empírico. Para um melhor entendimento desse conceito, é preciso levar em consideração seus antecedentes filosóficos e sociológicos.

Segundo o autor, as bases filosóficas da redução sociológica encontram-se na fenomenologia de Husserl, mais precisamente no conceito de redução fenomenológica, que implica a suspensão de nossas crenças na tradição e nas ciências para se ater ao dado como tal e descrevê-lo na sua pureza. Esse dado pode ser fornecido pela percepção, intuição, recordação ou imaginação, mas qualquer que seja sua fonte é preciso "suspender" ou "colocar entre parênteses" as doutrinas conhecidas acerca da realidade, separando o fenômeno do conhecimento que se construiu em torno dele. Os antecedentes sociológicos da redução encontram-se no âmbito da sociologia do conhecimento, em especial entre os adeptos da fenomenologia como Max Scheler, Alfred Schutz, Georges Gurvitch e, especialmente, Karl Mannheim, que é considerado por Guerreiro Ramos a fonte da redução sociológica. O historicismo, a fenomenologia, a sociologia do conhecimento e o existencialismo constituem a base do pensamento do estudioso, o que é admitido por ele próprio em várias oportunidades (ver Oliveira, 1995).

Com base nessas referências teóricas e autores, Guerreiro Ramos (1965) procura deduzir uma redução sociológica, ou seja, um método de observação da realidade social que permitisse ao analista suspender seus julgamentos e conhecimentos prévios para avaliar essa realidade, preservando porém os elementos do contexto histórico.

O método de redução sociológica é uma das grandes contribuições de Guerreiro Ramos para os estudos críticos em administração. Esse método foi resgatado pelo autor em *A nova ciência das organizações* para demonstrar que a teoria da administração mimetizava a sociologia no que se refere ao fenômeno da hipercorreção, ou seja, a assimilação acrítica de idéias e métodos estrangeiros. Guerreiro Ramos (1973; 1989) também demonstrou que isso acabou gerando uma utilização inadequada de conceitos, como, por exemplo, a transplantação de idéias da psicologia individual para contextos organizacionais, em vez da produção de definições apropriadas com base na psicologia social.

O segundo sentido da redução sociológica: homem parentético e racionalidades

Quando formulou o segundo sentido da redução sociológica, Guerreiro Ramos foi guiado por duas orientações que caracterizam seu posicionamento como crítico da administração: a questão do indivíduo e a questão das racionalidades. É no livro *Mito e realidade da revolução brasileira* que Guerreiro Ramos (1963) afirma que os problemas sociológicos e a possibilidade de transformação social devem ser analisados com base na perspectiva do indivíduo. No entanto, isso requer um novo tipo de atitude e, conseqüentemente, um novo tipo de homem. Para defini-lo, Guerreiro Ramos realiza uma contraposição entre o "homem organizacional" e o "homem parentético".

Essa definição é retomada em um artigo (Guerreiro Ramos, 1972) que demonstra que o "homem organizacional" é representado por dois tipos de homem: o "homem operacional", considerado calculista e voltado para recompensas materiais, e o "homem reativo", que é ajustado ao contexto de trabalho em detrimento do seu crescimento individual. O primeiro tipo é condicionado por métodos tayloristas de organização do trabalho, como recompensas e punições, e o segundo tipo, por métodos integracionistas que visam a estimular reações positivas e advêm da escola das relações humanas e comportamentalista. O "homem parentético", por sua vez, busca o caminho da autonomia e da consciência crítica, evitando ser psicologicamente enquadrado como os indivíduos que se comportam segundo os tipos operacional e reativo. O adjetivo parentético deriva da noção de Husserl de "em suspenso" ou "entre parênteses", que é congruente com a atitude esperada na redução sociológica. Na visão de Guerreiro Ramos, o "homem parentético" não é uma mera idealização, mas um reflexo das novas circunstâncias sociais das sociedades industriais avançadas, que requerem um outro nível de consciência.

O conceito de homem parentético formulado por Guerreiro Ramos apresenta características que o situam como crítico da administração. Em primeiro lugar, a definição é realizada em contraposição ao homem organizacional, encerrando já de saída uma crítica às concepções de homem presentes nas duas principais escolas de administração – a escola de administração científica e a escola das relações humanas. Em segundo lugar, a atitude parentética implica um nível de emancipação e posicionamento crítico do sujeito que é típica dos estudos de natureza crítica.

Após delinear o conceito de homem parentético, Guerreiro Ramos iniciou seus estudos como pesquisador na FGV do Rio de Janeiro, que seriam utilizados como base para o seu livro *Administração e contexto brasileiro: elementos de uma sociologia especial da administração*. Esse trabalho significa outro passo de Guerreiro Ramos na direção da sociologia das organizações. Além disso, nesse livro, Guerreiro Ramos começa a discutir a segunda orientação que apontamos: a questão das racionalidades, que é aprofundada em *A nova ciência das organizações*.

A proposta de Guerreiro Ramos em *Administração e contexto brasileiro* é delinear os rudimentos de uma sociologia especial da administração por intermédio da focalização de uma seqüência lógica de assuntos inter-relacionados, examinados à luz de um conjunto integrado de conceitos e noções que se encontram esparsos em diferentes campos disciplinares. Guerreiro Ramos chama atenção para o fato de poucos sociólogos terem escolhido a administração como área de interesse e afirma que seria uma tarefa relevante delinear a sociologia especial da administração, pois essa se tornou um fenômeno importante na sociedade moderna. Guerreiro Ramos inicia essa tarefa definindo a sociologia especial da administração, além dos conceitos de fato e sistema administrativo, que se propõem a superar a unidimensionalidade à qual o estudo da administração está sujeito.

Essas definições sociológicas atribuíram maior rigor ao campo, mas é com a elaboração do conceito de ação administrativa que Guerreiro Ramos realiza sua maior contribuição: a discussão das racionalidades por meio do resgate e do aprofundamento da definição weberiana de racionalidade substantiva. Analisando a tipologia weberiana de ação social pela visão de Mannheim, Guerreiro Ramos (1983) recupera a distinção realizada por Weber entre racionalidade funcional e racionalidade substantiva. No primeiro volume de *Economia e sociedade*, Weber distingue quatro tipos de ação social: a racional tocante aos fins; a racional referente aos valores; a afetiva; e a tradicional. Essas duas últimas são determinadas por estados emotivos e por costumes, dificultando uma avaliação de suas conseqüências. A ação racional tocante aos fins é a racionalidade funcional, e a ação racional referente aos valores é a racionalidade substantiva. Na leitura de Mannheim, a primeira corresponde à ética da responsabilidade, e a segunda, à ética da convicção.

Para Guerreiro Ramos, o espaço da organização é o espaço da ética da responsabilidade, pois, no mundo das organizações, a tolerância com singularidades que manifestam os valores e as convicções das personalidades é bastante limitada. A questão crucial para Guerreiro Ramos é que o predomínio da ética da responsabilidade torna a irredutibilidade do indivíduo à organização um fato básico, quase inquestionável. No entanto, uma vez que todo ser humano possui o direito de se personalizar, as pessoas continuam cultivando valores e agindo segundo a ética da convicção. Por esse motivo, as organizações são constantemente permeadas por uma tensão entre éticas, uma oposição entre racionalidade funcional e racionalidade substantiva.

A leitura do restante da obra evidencia que o esforço de Guerreiro Ramos para fundar a sociologia especial da administração ainda era preliminar, o que o próprio autor reconhece, pois, considerando que se trata de organizar conteúdos de diversos campos disciplinares, sua tentativa de constituir a teoria sociológica da administração só poderia ser introdutória e sujeita a retificações. No entanto, o trabalho, de alguma forma, antecipa a discussão que seria realizada em *A nova ciência das organizações*, especialmente porque integra, no exame da questão das racionalidades, a questão do indivíduo – ambas orientações fundamentais para seus escritos posteriores. Além disso, a análise demonstra que a sociologia especial da administração proposta por Guerreiro Ramos tem uma inspiração crítica e procura avaliar as organizações com fundamento nessa perspectiva.

O terceiro sentido da redução sociológica: uma sociologia em ação

O terceiro sentido da redução sociológica é tratado por Guerreiro pela primeira vez em 1965, em um dos apêndices da segunda edição de *A redução sociológica*. Depois a questão é retomada no artigo "A modernização em nova perspectiva: em busca do modelo da possibilidade", quando, tratando da questão da modernização, Guerreiro Ramos (1967) afirma a necessidade de uma sociologia dialética, para além dos termos institucionais e universitários em que se encontra, retomando suas idéias de "sociologia em ação". O argumento depois é resgatado em *A nova ciência das organizações*, que, segundo o estudioso, é produto de cerca de trinta anos de pesquisa e reflexão e apresenta uma proposta de estudo e ação para os sociólogos das organizações. Vale ressaltar que Guerreiro Ramos faz a ressalva de que o trabalho não articula todos os aspectos da nova ciência, mas apenas apresenta uma proposta de trabalho teórico e operacional que ele pretendia consumar se não tivesse falecido em seguida.

Nesse livro, Guerreiro Ramos tenta formular um paradigma organizacional que leve à emancipação humana, argumentando que a vida de homens e mulheres não pode se restringir ao tempo despendido dentro das organizações econômicas, pois devem desenvolver outras atividades em outros tipos de organização. No entanto, para que isso seja possível, seria preciso criar uma nova teoria das organizações, pois estamos habituados a medir tudo pela racionalidade do mercado. Guerreiro Ramos, então, apresenta o arcabouço conceitual dessa nova ciência das organizações. O seu objetivo é contrapor um novo modelo de análise de sistemas sociais e delineamento organizacional ao modelo centralizado no mercado, que remonta a Adam Smith e vem dominando a administração. Seu argumento é o de que o modelo de Smith não é aplicável a todos tipos de atividade e vem dificultando o desenvolvimento de novos sistemas sociais que poderiam ajudar na superação de dilemas básicos de nossa sociedade. Além disso, esse modelo também não leva em conta as exigências ecológicas e não se vincula ao estágio contemporâneo das capacidades de produção.

Na minha visão, nesse trabalho, Guerreiro Ramos sintetiza todas as suas contribuições para os estudos críticos em administração, refundando a sociologia das organizações. Por outro lado, o livro também representa o cerne de sua visão crítica, pois contém sua proposta emancipatória para a produção de sistemas sociais que atendam às necessidades humanas e garantam o progressivo desenvolvimento de todos. Por esse motivo, resgatarei a seguir o conteúdo da obra, enfatizando sua crítica à teoria das organizações convencional e suas recomendações para renová-la.

UMA NOVA TEORIA DAS ORGANIZAÇÕES

A nova racionalidade e a centralidade da psique humana

Em *A nova ciência das organizações*, Guerreiro Ramos faz uma crítica da racionalidade instrumental e defende a centralidade da psique humana ante as organizações; em seguida, discute os pressupostos e pontos cegos da teoria das organizações convencional para propor uma abordagem substantiva das organizações. Propõe, então, as diretrizes da nova teoria das organizações visando a um modelo multicêntrico de sociedade, ou seja, uma sociedade composta de uma variedade de organizações e relações que sejam capazes de atender às necessidades humanas.

A trajetória de Guerreiro Ramos na direção de *A nova ciência das organizações* pode ser observada com a análise do conteúdo dos artigos publicados a partir do final da década de 1960 (Guerreiro Ramos, 1967; 1970; 1972; 1973; 1976), pois neles o autor antecipa algumas formulações teóricas que seriam aprofundadas e articuladas no livro. Rever esses artigos é uma boa maneira de cobrir o aparente hiato entre a publicação de *Administração e contexto brasileiro*, em 1966, e o último livro publicado do autor, em 1981, que corresponde à época em que ele viveu nos Estados Unidos. No início desse livro, o autor afirma que a teoria das organizações convencional é ingênua porque não se fundamenta em uma forma analítica de pensamento e se volta para interesses práticos imediatos, baseando-se em uma racionalidade instrumental, particularmente característica do sistema de mercado.

Para realizar a crítica da razão, o autor resgata os seus sentidos antigo e moderno. No sentido antigo, a razão era entendida com a capacidade de distinguir entre o bem e o mal, o falso e o verdadeiro. No sentido moderno, a razão procura legitimar a sociedade moderna exclusivamente em bases utilitárias, despojando-se de qualquer papel na construção da vida humana individual. Isso teria escandalizado Max Weber, que, então, fez uma distinção entre a racionalidade formal e instrumental, que é determinada por uma expectativa de resultados, ou "fins calculados", e a racionalidade de valor ou substantiva, que é determinada independentemente de suas expectativas de sucesso. Para Guerreiro Ramos, apesar de apontar essas racionalidades, Weber não foi capaz de resolver a tensão dialética entre elas e propor alternativamente uma análise social do ponto de vista da racionalidade substantiva. Já Mannheim, que recuperou essa distinção weberiana, teria condições de realizar essa análise, pois aprofundou o exame da racionalidade substantiva, definindo-a como uma percepção inteligente das inter-relações de acontecimentos que tornam possível uma vida pessoal orientada por julgamentos independentes. Segundo Mannheim, essa percepção constitui a base da vida humana ética e responsável, enquanto a racionalidade funcional, que diz respeito às condutas que visam a atingir uma determinada meta, tende a solapar as qualificações éticas e as faculdades críticas dos indivíduos.

Guerreiro Ramos relembra que os representantes da Escola de Frankfurt também abordaram a questão da racionalidade, fazendo uma crítica do conceito marxista de razão, por este estar profundamente enraizado na tradição iluminista, que afirma que o processo histórico das forças de produção é racional por si mesmo e, conseqüentemente, emancipatório. Segundo o autor, para Habermas o domínio da racionalidade instrumental teve como conseqüência a prevalência da comunicação sistematicamente distorcida, que requer uma teoria da competência comunicativa para sua resolução. Guerreiro Ramos, no entanto, frisa que é necessário um contexto social adequado para que haja uma situação ideal de discurso e, reafirmando a filosofia da consciência, recorre a Voegelin para demonstrar que esse contexto se produz no indivíduo, pois a racionalidade substantiva não é um atributo da sociedade, uma vez que é apreendida pela consciência humana e não pela mediação social. Na sua visão, Habermas, que, como já vimos, nega a filosofia da consciência, teria se equivocado quando acreditou no esclarecimento existencial como uma qualidade coletiva do comportamento de massa, quando este só é possível no nível da psique individual.

Guerreiro Ramos conclui que, sem perder de vista a importância do coletivo, a psique humana deve ser o aspecto central na redefinição das ciências sociais e da teoria organizacional. O autor prossegue sua argumentação afirmando que os atuais sistemas sociais falham porque focalizam mais a sociedade do que o indivíduo, colocando a racionalidade substantiva em segundo plano. Coloca por fim em questão a possibilidade de elaborar uma nova ciência social com fundamento nessa racionalidade e, em conseqüência, propõe novos sistemas sociais e uma nova teoria das organizações.

A síndrome comportamentalista, os pressupostos da teoria das organizações convencional e a abordagem substantiva da organização

Guerreiro Ramos faz uma distinção entre comportamento e ação para esclarecer o reducionismo psicológico da teoria das organizações convencional. O comportamento é uma forma de conduta baseada na racionalidade funcional, desprovido de conteúdo ético de validade geral e ditado por imperativos exteriores, e a ação provém de um agente que delibera sobre coisas porque está consciente de suas finalidades intrínsecas, sendo uma forma ética de conduta. O problema é que a teoria das organizações convencional teria sido invadida pela síndrome comportamentalista, que constitui seu alicerce psicológico na fluidez da individualidade, no perspectivismo, no formalismo e no operacionalismo.

De acordo com Guerreiro Ramos, para enfrentar os desafios impostos pela sociedade, os indivíduos interiorizam a síndrome comportamentalista e seus padrões cognitivos. De um modo geral, essa interiorização ocorre sem ser notada pelo indivíduo, transformando-se em uma segunda natureza, e a organização, capturada que está pela própria síndrome, não pode ajudar o indivíduo a superar essa situação. Guerreiro Ramos conclui que uma teoria científica das organizações não pode se deixar levar pela síndrome comportamentalista, baseando-se nos sistemas cognitivos inerentes às organizações existentes, mas deve avaliar as organizações levando em conta tanto os requisitos funcionais quanto os substantivos.

Para Guerreiro Ramos, é preciso delimitar o papel das organizações na vida dos indivíduos, pois, ao contrário do que pregam os integracionistas, as organizações formais não constituem o cenário adequado para desalienar e auto-atualizar as pessoas. Um dos recursos mais utilizados na política cognitiva é a retórica, que instrui o praticante na arte da persuasão e na habilidade de desfazer a tensão constitutiva da razão substantiva, reduzindo as considerações éticas a critérios instrumentais de avaliação. A política cognitiva é prática habitual das sociedades centradas no mercado, na qual os cidadãos absorvem acriticamente regras impostas pela mídia e pelo sistema educacional.

Guerreiro Ramos afirma que nesse tipo de sociedade, as organizações formais tornaram-se predominantes, e a teoria organizacional ensinada nas escolas e universidades não costuma ser um saber crítico que conscientize as pessoas, mas uma manifestação do sucesso da política cognitiva. Na realidade, essa teoria organizacional se baseia em três pressupostos: uma identificação entre a natureza humana e a síndrome comportamentalista inerente à sociedade centrada no mercado; a definição do indivíduo como detentor do emprego, que tem como pressuposto que os ambientes formais de trabalho são apropriados para a atualização humana; e a identificação da comunicação humana com a comunicação instrumental, no sentido de que é planejada de modo a maximizar a capacidade produtiva.

Analisando esses pressupostos, Guerreiro Ramos elabora as bases de sua proposta alternativa aos sistemas sociais dominantes e da nova ciência da organização subjacente. O seu argumento fundamental é o de que não há possibilidade de o indivíduo se realizar completamente no contexto das organizações econômicas, de modo que é preciso ampliar o sistema centrado no mercado estimulando a criação de novos sistemas sociais que possam atender às necessidades sociais e individuais. Guerreiro Ramos desenvolve esse argumento ao afirmar que, com o advento da escola das relações humanas, a ciência administrativa passou a ser dominada por um falso humanismo, pois seus representantes não têm uma compreensão sistemática do espectro de requisitos contextuais que a prática do humanismo deveria levar em conta e articulam estratégias integracionistas visando conciliar metas individuais e organizacionais.

Essa perspectiva permite que a organização econômica seja a referência primordial da existência do indivíduo, que perde o contato com sua individualidade e adapta-se a uma realidade fabricada. Para Guerreiro Ramos, a idéia de que o indivíduo deve se esforçar para chegar a uma condição de equilíbrio orgânico com a empresa corresponde à deformação da pessoa. Dessa forma, o conflito entre o indivíduo e os sistemas sociais projetados é inevitável e permanente. Por outro lado, os teóricos organizacionais não estariam percebendo que os empregos são incidentais no processo de personalização e tendem a não levar em conta que a estrutura das sociedades de mercado é incapaz de proporcionar ocupação para todos aqueles dispostos a trabalhar e que os empregos não são mais o único meio de engajar os indivíduos em atividades socialmente significativas. Além disso, a comunicação substantiva, isto é, aquela que possibilita permutas autogratificantes, na medida em que desvenda a subjetividade de pessoas engajadas, é pouco tolerável nas organizações econômicas.

Considerando que os objetivos humanos não se realizam por completo no contexto das organizações econômicas, Guerreiro Ramos propõe libertar a natureza humana das prescrições da síndrome comportamentalista e delimitar o papel das organizações para criar condições para o planejamento, implementação e estímulo de novos empreendimentos sociais que atendam às necessidades dos indivíduos.

Com base nessas considerações, Guerreiro Ramos chama atenção para o fato de que as organizações econômicas têm sido o interesse principal dos teóricos das organizações e estes vêm deixando em segundo plano a análise sistemática e acurada da variedade de sistemas sociais presentes no espaço macrossocial.

Para superar esse estado das coisas, Guerreiro Ramos propõe uma nova ciência organizacional capaz de abranger os múltiplos tipos de organização: a abordagem substantiva da organização. Considerando que as organizações econômicas são apenas um caso particular dos diversos tipos de sistemas microssociais, elas deveriam se limitar aos seus objetivos, sem invadir o espaço vital humano. Para Guerreiro Ramos, a abordagem substantiva da teoria organizacional procura justamente meios de eliminar as compulsões desnecessárias, que agem sobre as atividades humanas nos sistemas sociais em geral, e também meios de atender adequadamente às necessidades de atualização pessoal dos seres humanos.

As diretrizes para uma nova teoria das organizações e o modelo multidimensional de sociedade

Dessa forma, a teoria das organizações convencional precisa ser reformulada, e Guerreiro Ramos acredita que uma vez que os homens têm diferentes tipos de necessidades, é preciso que existam múltiplos tipos de cenários sociais, sendo importante categorizar esses tipos de sistemas sociais e também formular as condições operacionais de cada um deles.

Para ele, o modelo de análise e planejamento de sistemas sociais predominante é unidimensional, pois considera o mercado como a principal categoria que ordena os negócios pessoais e sociais. Em contraposição, o autor apresenta um modelo multidimensional, no qual o mercado é considerado legítimo e necessário, mas sujeito a limites e regulações. Guerreiro Ramos denomina esse modelo de paradigma paraeconômico e estabelece como ponto central a noção de delimitação organizacional, que envolve a compreensão da sociedade, que é constituída de uma variedade de enclaves na qual o indivíduo desempenha diferentes tipos de atividades substantivas, e o desenvolvimento de um sistema de governo capaz de formular e implementar políticas públicas que promovam um ponto ótimo de transações entre tais enclaves sociais.

De acordo com o paradigma paraeconômico, o mercado é apenas mais um enclave dentro de uma realidade social multicêntrica, que abriga múltiplos critérios substantivos de vida pessoal e uma variedade de padrões de relações interpessoais. Além disso, nessa realidade social o indivíduo é incidentalmente um maximizador de utilidade, pois seu esforço básico é ordenar sua existência de acordo com suas necessidades de atualização pessoal. Isso porque, nesse espaço, são criadas oportunidades para que o indivíduo encontre ocupações, participando de outros ambientes sociais para além do mercado.

Guerreiro Ramos adverte que a contradição entre as necessidades individuais e as exigências das organizações econômicas não podem ser resolvidas por meio de práticas behavioristas e integracionistas. De acordo com ele, nos sistemas sociais que procuram maximizar a atualização pessoal, as prescrições não são eliminadas, mas são mínimas e estabelecidas com consentimento dos indivíduos interessados, pois tais sistemas são flexíveis o suficiente para estimular o senso pessoal de ordem e compromisso com os objetivos fixados sem subordinar os indivíduos. Para ilustrar a existência desses sistemas sociais, bem como suas regras de organização e funcionamento, Guerreiro Ramos estabelece o que ele denomina de categorias delimitadoras, ou seja, tipos possíveis de sistemas sociais.

a) *Economia* – É um contexto organizacional altamente ordenado, como os monopólios, as firmas competidoras e as organizações sem fins lucrativos que se voltam para a produção de bens ou serviços. Nessas organizações, os clientes têm influência direta ou indireta no planejamento e execução de suas atividades, e sua sobrevivência está condicionada à eficiência com a qual produz bens e/ou presta serviços para os clientes. Essas organizações, em geral, assumem grandes dimensões de tamanho e complexidade, e os seus membros são detentores de empregos e avaliados como tais.

b) *Isonomia* – É um contexto organizacional no qual todos os membros são iguais, como, por exemplo, as associações de estudantes e minorias, as empresas de propriedade dos trabalhadores, algumas associações artísticas e religiosas, associações locais de consumidores e grupos de cidadãos interessados em assuntos e problemas da comunidade. O seu objetivo essencial é permitir a atualização de seus membros, com base em prescrições mínimas que são estabelecidas por consenso. É autogratificante, pois nela indivíduos livremente associados desempenham atividades compensadoras por si próprias. As atividades são promovidas como vocações e não como empregos, e há uma horizontalização de relações cuja eficácia está condicionada à prevalência de relações interpessoais primárias entre seus membros.

c) *Fenonomia* – É um sistema social dirigido por um indivíduo ou um pequeno grupo que incentiva o máximo de opção pessoal e o mínimo de prescrições operacionais formais, com é o caso de oficinas de artistas, escritores, jornalistas, inventores e outros que trabalham por conta própria. Constitui-se em um ambiente no qual as pessoas podem liberar sua criatividade, estabelecido com plena autonomia, de modo que seus membros se engajam em obras automotivadoras, que consideram relevantes em termos pessoais, sem deixar de lado a consciência social.

Considerando que a sociedade abriga essas categorias, sendo, portanto, multicêntrica, Guerreiro Ramos retoma as diretrizes para a formulação de uma teoria organizacional condizente com essa realidade, conceituando o que ele denomina lei dos requisitos adequados: cada sistema social determina seus próprios requisitos de planejamento, entre eles tecnologia, tamanho, cognição, espaço e tempo. O estudioso questiona como seria a alocação de recursos em uma sociedade multicêntrica, ou seja, em uma sociedade moldada sob o paradigma paraeconômico, na qual economias, isonomias e fenonomias fossem consideradas igualmente importantes e necessárias. O autor também frisa que o modelo proposto por ele não é antimercado, mas procura redimensionar a importância e a centralidade do mercado nas sociedades contemporâneas, renovando os critérios de avaliação do desenvolvimento de uma nação.

Com *A nova ciência das organizações*, Guerreiro Ramos encerra sua trajetória, consolidando as bases de sua sociologia crítica das organizações e abrindo uma agenda de pesquisa para os estudiosos da temática. O próprio autor reconhece que realizou uma enunciação teórica preliminar que deveria ser levada adiante. Guerreiro Ramos esperava abrir um novo campo de trabalho na sociologia e estudo das organizações, mas tinha consciência dos limites das suas proposições, pois, constantemente, apontava a necessidade de aprofundá-las e amadurecê-las.

Possivelmente ficaria satisfeito ao presenciar o surgimento dos estudos críticos em administração e teria muito a contribuir, pois já advertia, em 1981, que seria possível que algumas pessoas quisessem suspender a crítica à teoria organizacional alegando a falta de funcionalidade. No seu entendimento, a instrumentalidade pode até fundamentar o sucesso prático da teoria das organizações convencional, mas na medida em que esta se apóia em pressupostos ingênuos no que se refere à interpretação da psique dos indivíduos, tende a se tornar pouco prática e inoperante, além de desfigurar a vida humana associada.

capítulo 5

Maurício Tragtenberg – Contribuições de um Marxista Anarquizante para os Estudos Organizacionais Críticos

Neste capítulo, abordo as contribuições de Tragtenberg para estudos críticos com base na moldura teórica que sustenta seu pensamento e orienta sua obra: o anarquismo. Sua crítica das teorias administrativas e da burocracia está diretamente relacionada com o pensamento anarquista, que sustenta sua visão libertária, e com a defesa da autogestão como caminho para a emancipação humana. Para compreender essa face de seu pensamento, é fundamental analisar também alguns de seus escritos políticos, que ainda não foram suficientemente explorados pela academia da área de administração. Com fundamento neles, é possível apreender as intenções de seu trabalho como acadêmico e jornalista, perceber com mais clareza a atualidade de seu pensamento, bem como entender o que move sua crítica da administração, alinhavando uma obra que, em princípio, pode parecer fragmentada.

Para isso analiso o pensamento anarquista de um modo geral e o marxismo anarquizante de Maurício Tragtenberg. Em seguida examino as três principais contribuições do autor para os estudos organizacionais críticos: a crítica da burocracia, a crítica das teorias administrativas e a crítica da co-gestão e defesa da autogestão – tendo como referência seu alinhamento com o anarquismo. Finalizando o capítulo, avalio a atualidade do pensamento de Tragtenberg em um contexto de *revival* e resgate da utopia anarquista.

VISÕES DO ANARQUISMO: O MARXISMO ANARQUIZANTE DE MAURÍCIO TRAGTENBERG

Maurício Tragtenberg foi um dos pioneiros na crítica das organizações e teve o mérito de realizá-las dentro de uma escola de administração (Segnini, 2001; Bruno, 2001). Por meio da sistematização dos livros *Burocracia e ideologia* (Tragtenberg, 1974) e *Administração, poder e ideologia* (Tragtenberg, 1980a), além de outros textos que compõem a sua obra, foi possível mapear suas três principais contribuições nesse campo do conhecimento: a) a crítica da burocracia como fenômeno de dominação e da visão de Weber como seu ideólogo, esclarecendo que Weber é um dos maiores críticos da dominação burocrática; b) o estudo das teorias administrativas como produto das formações socioeconômicas de um determinado contexto histórico, que, ao manterem a divisão entre planejadores e executantes do trabalho, perpetuam a opressão do trabalhador e impedem sua autonomia; c) a crítica da ideologia participacionista presente nas experiências de co-gestão, e a defesa da autogestão como saída tanto para a emancipação dos trabalhadores quanto da sociedade civil.

Essas contribuições de Tragtenberg, no entanto, ficam desprovidas de sentido quando não examinadas pela moldura teórica que sustenta seu pensamento e orienta sua obra: o anarquismo. Antes de examinar os textos de Tragtenberg é fundamental explorar as várias visões anarquistas, chamando atenção para o fato de que costuma ocorrer sua simplificação conceitual, que, em geral, aponta o anarquismo como uma negação do Estado, quando a palavra quer dizer "contrário à autoridade".

Na realidade, quando o anarquismo propõe uma sociedade sem Estado e sem governo, está sugerindo uma sociedade sem autoridade e burocracia, o que não implica uma sociedade sem organização, mas uma sociedade organizada de maneira autônoma a partir das suas bases e fundamentada na educação integral dos indivíduos. A *História das idéias e movimentos anarquistas* de Woodcock (2002) evidencia que o anarquismo não é uma ideologia unívoca. Embora haja certa unanimidade em torno da necessidade de abolir a autoridade, da valorização da individualidade e da importância da educação no processo revolucionário, existe uma grande heterogeneidade de opiniões, pois ainda que os seus defensores estejam de acordo em relação ao fim último de suas propostas, há divergências no que se refere à melhor tática para consegui-lo. Luizetto (1987) aponta pelo menos três escolas:

- *A individualista* – Representada por Max Stirner na Europa e Josiah Warren nos Estados Unidos, essa escola defende uma irrestrita liberdade individual opondo-se a Marx e às demais escolas anarquistas, pois não propõe modelos coletivos de produção.

- A *mutualista* – Representada por Proudhon, ocupa uma posição intermediária entre o modelo individualista e o modelo socialista. Defende a liberdade individual e a singularidade do homem, mas propõe uma sociedade entre os produtores independentes para constituir e administrar associações voluntárias, financiadas pelo Banco do Povo.

- *A socialista* – Composta por duas correntes: a coletivista, encampada por Bakunin, que propõe a fusão entre a teoria federalista de Proudhon (a organização livre dos produtores independentes), e a teoria socialista (propriedade coletiva dos meios de produção e abolição da propriedade privada), que defende que cada um seja remunerado de acordo com o seu trabalho; e a comunista, defendida por

Kropotkin e Malatesta, que adota a fórmula de Bakunin, mas vê uma compatibilidade entre anarquia e comunismo, defendendo que cada um participe com seu trabalho e seja remunerado de acordo com seus desejos e necessidades.

Segundo Costa (1980), com o tempo os mutualistas, considerados pelos seus oponentes como meros reformistas, perderam a força para as correntes anarquistas socialistas. No século XX, essas correntes desembocaram no anarcossindicalismo representado por Rudolf Rocker, que, após a morte de Kropotkin, se tornou o maior valor intelectual do anarquismo internacional. Ainda que os anarquistas resistam à idéia de elaboração prévia de planos e programas a serem aplicados no caso do êxito da revolução social, Kropotkin sugere algum planejamento para evitar o caos que ocorreu na Comuna de Paris. De acordo com Leval (2002), é Kropotkin que introduz o conceito de planificação, que pode ser definido como um planejamento da produção pelos trabalhadores por meio de assembléias e representantes diretos, que produziriam não decisões, mas projetos a serem apreciados e aprovados, realizando-se uma coordenação de atividades a partir de centros múltiplos.

Os anarcossindicalistas caracterizam-se por possuírem uma concepção bem definida para a organização e coordenação da sociedade. Além disso, o anarcossindicalismo costuma apontar o sindicato como responsável pela organização da sociedade no lugar dos partidos políticos, mas frisando que esse sindicato seria diferente dos sindicatos tradicionais existentes, pois representaria a federação dos conselhos operários e não um órgão de defesa dos trabalhadores. Berthier (2002) descreve a concepção anarcossindicalista de sociedade com base na definição de autogestão: a elaboração de estruturas organizacionais que permitam que os próprios trabalhadores sejam responsáveis por sua emancipação. Essas estruturas seriam organismos de base que permitem a expressão dos trabalhadores, tanto no plano da empresa, quanto na comunidade no qual estão inseridos, ou seja, organismos simultaneamente econômicos e políticos. Em um regime de autogestão, a organização geral da sociedade dar-se-ia pelo federalismo, que é a representação e a expressão dos interesses coletivos dos trabalhadores. Assim, as decisões seriam tomadas pelas discussão a partir da base até chegar ao cume, passando por uma sucessão de conselhos e organismos de deliberação que exprimem o pensamento e o interesse comuns e as decisões coletivas.

O anarquismo de Maurício Tragtenberg é um caso singular, pois não se alinha diretamente com nenhuma dessas tendências. É possível notar críticas a Bakunin (Tragtenberg, 1986) e certa simpatia por Kropotkin, pois é com base no seu pensamento que Tragtenberg (1987, p. 7) faz sua definição de anarquismo: "... uma sociedade que não está submetida a nenhuma autoridade vertical e em que as associações voluntárias interligadas substituem o Estado na tarefa de articular as partes da totalidade social. Sociedade basicamente fundada na solidariedade, na qual esta é obtida por acordo entre os diversos grupos sociais, territoriais e profissionais livremente estabelecidos no âmbito da produção e do consumo social". Teríamos, assim, uma rede entrelaçada de uma infinita variedade de grupos e federações locais, regionais, nacionais e internacionais, voltada para os mais diversos objetivos (produção, consumo e troca, comunicações, serviços sanitários, educação, proteção mútua etc.) e necessidades (científicas, artísticas, literárias, de relacionamento social etc.).

Entre os estudiosos do pensamento de Tragtenberg não há um acordo sobre suas posições anarquistas, mas o próprio Tragtenberg define-se como um marxista anarquizante (Tragtenberg, 1991). Declara que aceita as teses econômico-sociais de Marx, mas se opõe ao marxismo-leninismo-stalinismo-trotskismo que gerou o fetichismo do partido político e da representação parlamentar e que, na sua opinião, é responsável pelo fracasso das experiências socialistas. Defende que o anarquismo tem uma contribuição importante no nível das superestruturas, na análise dos movimentos sociais, na questão da luta contra a burocracia e na defesa da liberdade como valor.

É importante notar que em seu primeiro livro, *Planificação: desafio do século XX* (1956), Tragtenberg já demonstrava sua afinidade com o anarquismo, pois realiza uma crítica da estatização dos meios de produção nos regimes capitalistas e socialistas então vigentes, apontando a planificação sugerida por Kropotkin como caminho de mudança. Por outro lado, a análise da obra de Tragtenberg permite situá-lo entre os anarco-marxistas, que também são denominados marxistas libertários, socialistas libertários, comunistas libertários, comunistas conselhistas ou marxistas autogestionários. Também não há um consenso sobre o que seria o anarco-marxismo, pois alguns de seus adeptos não aceitam as posições do suposto anarco-marxista Daniel Guérin. No entanto, há um anarco-marxismo descrito por Viana (2005) que se aproxima muito das idéias defendidas por Tragtenberg e se caracteriza por:

- uma simpatia pelas teses conselhistas e luxemburguistas, ainda que se façam ressalvas ao anarquismo de Rosa Luxemburg, que foi uma mulher de partido, mas fez uma defesa séria da liberdade política;
- uma leitura heterodoxa do marxismo, expressa na crítica da ditadura do proletariado e na afinidade com autores como Pannekoek, Korsch, Mattick, Makhaïski, Gorter e Bordiga;
- uma negação do papel de vanguarda do partido e do sindicato, que é considerado uma ideologia da burocracia;
- uma negação das experiências do socialismo real e da revolução bolchevique, em especial da burocratização nelas promovida, rejeitando a necessidade de um período de transição entre o capitalismo e o comunismo;

- uma identificação entre o comunismo e a autogestão.

Na obra de Tragtenberg, essas características são uma constante. Por exemplo, no artigo "Rosa Luxemburg e a crítica dos fenômenos burocráticos" (1991), ele reconhece que Rosa não é uma anarquista, mas elogia sua crítica à burocratização dos partidos, ao projeto da social-democracia e ao sindicalismo tradicional, bem como sua ênfase no papel dos conselhos. De acordo com Silva (2004), Tragtenberg é muito cético em relação às soluções negociadas no âmbito do Estado e, por isso, afirma que a autogestão seria a única estratégia eficaz na luta dos trabalhadores. Já nos livros *Reflexões sobre o socialismo* (1986b) e *A revolução russa* (1988), Tragtenberg deixa claras suas críticas ao regime bolchevique, que teria abafado levantes autogestionários como a rebelião de Kronstad, a Makhnovistchina, a revolução húngara e a primavera de Praga, além de burocratizar-se e absorver a organização taylorista do trabalho.

Em *Marxismo heterodoxo* (1981a), Tragtenberg critica as noções de ditadura do proletariado e partido hegemônico propagadas pelos leninistas e stalinistas. Ele discorda que Marx aceitasse tais noções e resgata o pensamento de marxistas heterodoxos como Pannekoek, Matick, Makhaïski, Bordiga e Gorter, que defendem a autogestão. No artigo "Marx/Bakunin" (1986a), Tragtenberg também sai em defesa de Marx, rejeitando as acusações de autoritarismo feitas por Bakunin a Marx na Primeira Internacional Socialista e criticando o centralismo existente nas organizações secretas que o próprio Bakunin fundava. Na sua visão, seriam corretas as leituras de Rosa Luxemburg, Korsch e Lukács feitas da obra de Marx, pois elas indicam que a ditadura do proletariado se assemelha à estrutura autogestionária da Comuna de Paris.

Como é possível perceber, a defesa da autogestão, na figura de organizações horizontais como comitês de greve, comissões de fábrica, conselhos operários e organizações de base, é central no pensamento de Tragtenberg (1986b). Na sua visão, o predomínio da autogestão nos campos econômico, social e político desafia a verticalidade das relações com o Estado, criando condições para extingui-lo, uma vez que as decisões e a sua execução ficariam nas mãos dos trabalhadores e dos cidadãos. Entre as experiências reais de autogestão, Tragtenberg indica a Guerra Civil Espanhola que se deu no período de 1936-1939. Nessa época, ocorreu de fato uma coletivização das terras, das fábricas e dos meios de transporte no país, mas o levante autogestionário acabou sendo sabotado durante o combate ao franquismo.

Tragtenberg também segue a tendência anarquista no que se refere ao desenvolvimento de iniciativas de natureza educacional, discutidas por pensadores como Proudhon, Robin e Ferrer. Na obra de Tragtenberg (1979), isso se manifesta na crítica da universidade e na denúncia da delinqüência acadêmica. Tragtenberg denuncia em seus escritos as relações cada vez mais opressivas e desiguais entre professores, alunos e burocratas do ensino, além da transformação da universidade em uma mera formadora de quadros para mercado, uma "multiversidade" que ensina tudo o que o aluno pode pagar, descompromissada com a produção do conhecimento e do saber. Segundo Silva (2004), o olhar de Tragtenberg sobre a educação é análogo ao olhar pedagógico dos militantes anarquistas e libertários, baseando-se na autogestão, na autonomia do indivíduo e na solidariedade. Dessa forma, Tragtenberg defende: o autodidatismo, tanto no ensino informal quanto no ensino formal, a pedagogia antiburocrática, as decisões em assembléia, a postura independente de partidos políticos e a tradução de idéias complexas para uma linguagem acessível. O exercício dessa pedagogia manifesta-se na postura de intelectual orgânico dos trabalhadores no tempo em que redigiu a coluna "No Batente" do jornal *Notícias Populares*.

CONTRIBUIÇÕES DE MAURÍCIO TRAGTENBERG PARA OS ESTUDOS ORGANIZACIONAIS CRÍTICOS

Em seguida, analiso as três principais contribuições de Maurício Tragtenberg para os estudos organizacionais críticos: a crítica da burocracia, a crítica das teorias administrativas e a crítica da cogestão e defesa da autogestão. Durante esse percurso, utilizo como referência o alinhamento de Tragtenberg com o pensamento anarquista de modo a revelar que é esse projeto político que motiva suas críticas.

Estudo de Weber e crítica da burocracia

Maurício Tragtenberg foi um estudante criterioso de Weber e sua atração pela obra desse autor se justifica por uma identidade com as preocupações deles em relação aos problemas da racionalização, da secularização e da burocratização das estruturas sociais. O prefácio de Tragtenberg no livro *Metodologia das ciências sociais* de Weber revela que essa identidade não é motivada pela questão da burocracia em si, mas pela inquietação weberiana com dois fenômenos básicos da modernidade, que circundam a burocratização: a perda do significado da vida e a perda da liberdade. Logo, é como pensador libertário que Tragtenberg busca analisar Weber. Assim, a crítica da burocracia que faz com base no pensamento de Weber está diretamente conectada com o projeto emancipatório anarquista no qual aposta.

Em *Burocracia e ideologia* (1974), Tragtenberg realiza uma leitura rigorosa da obra de Weber, mostrando não só a validade como também os limites de seu pensamento. Traça um retrato vivaz do autor ao mostrar sua angústia com a crise do liberalismo alemão do seu tempo, além de discutir as profecias weberianas. Para Tragtenberg, o interesse de Weber pela política e a burocracia está relacionado com suas preocupações face à realidade social alemã, pois Weber pressentia o risco de a burguesia aliar-se com a burocracia contra a democracia, o que de fato ocorreu depois com o nazismo. Além disso, Weber também antecipou a desilusão do socialismo real apontando que a estatização da economia na Rússia implicaria o aumento da burocratização e redundaria em uma ditadura da burocracia (Tragtenberg, 1976). Da mesma forma, Weber anteviu a falácia revolucionária da social-democracia, uma vez que viria a converter o marxismo em uma ideologia justificativa da burocracia, manifesta no aparelhamento necessário ao *welfare state*.

Segundo Tragtenberg (1974), para Weber democracia significa a influência dos cidadãos na administração da economia. Na visão weberiana, um parlamento ativo auxilia nessa tarefa, pois, quando o parlamento é denegrido, o capitalismo e a burocracia costumam aliar-se contra a democracia impedindo que os cidadãos se manifestem. Por esse motivo, Weber critica a "democratização passiva" condicionada pela modernização, que leva à conversão dos políticos em funcionários públicos, substituindo o *ethos* da vocação política pelo *ethos* da burocracia. A alternativa que Weber sugere à burocracia é a organização dos consumidores em cooperativas com produção regulada pela procura e mediada por um parlamento livre que os defendesse.

Tragtenberg ainda demonstra que Weber aponta a burocracia como um tipo de poder e organização e como um sistema no qual a divisão do trabalho é racionalmente estabelecida e se dirige para os seus fins. A burocracia caracteriza-se pelo formalismo, pela normas escritas, pela estrutura hierárquica e pela divisão horizontal e vertical do trabalho. Dessa forma, para Tragtenberg, Weber não estuda a burocracia para salientar suas virtudes organizacionais; pelo contrário, o faz para refletir como podemos nos defender de seu avanço implacável e de sua quase impossibilidade de destruição. Além de evidenciar que Weber não é um ideólogo da burocracia, Tragtenberg enfatiza que ela é um fenômeno historicamente situado e uma forma de dominação. Na verdade a burocracia transcende o tipo ideal weberiano, pois não se esgota como fenômeno técnico e organização formal, sendo acima de tudo um fenômeno de dominação e um sistema de condutas significativas.

Assim, para caracterizar a burocracia, não basta uma enumeração de critérios; é preciso um estudo de sua dinâmica interna e da forma como ela se enraiza na sociedade e aumenta seu poder. Analisando a teoria da burocracia em Hegel e Marx, que examinam a classe de funcionários, Tragtenberg conclui que, ao se restringir à questão da organização formal, o modelo weberiano deixa de explicar situações como o coletivismo burocrático. Nessa situação, a burocracia não é agente dos detentores do poder econômico, como ocorre no capitalismo clássico, uma vez que ela própria monopoliza o poder econômico e político tendendo a se autonomizar como um poder acima da sociedade. Em outras palavras, não é o tipo ideal weberiano que determina o que é ou não uma burocracia, de modo que identificá-la pelas características enumeradas por Weber não é suficiente. Há uma burocracia quando se tem um grupo que, a pretexto de representar os interesses coletivos, monopoliza o poder econômico e político, ou é agente dos detentores do poder econômico, para validar seus interesses privados, afastando a massa e/ou os trabalhadores do processo decisório. As estratégias utilizadas pelo referido grupo, bem como suas características, não serão sempre as mesmas. Dessa forma, para identificar a burocracia na estrutura da empresa, é preciso transcender o hábito de caracterizá-la pelo tipo ideal weberiano para interpretá-la como um fenômeno historicamente situado e uma forma de dominação.

Tragtenberg concorda com o diagnóstico de Weber sobre a burocracia; no entanto, como marxista anarquizante, discorda da posição liberal weberiana que, em plena crise do liberalismo, continua apontando o parlamento como via para a democracia. Dessa forma, utiliza o pensamento weberiano para analisar o fenômeno burocrático, mas busca outros caminhos para a solução desse problema, valorizando a autogestão. Tomando a análise do pensamento de Weber como ponto de partida, defende que o exame das teorias administrativas deve partir da burocracia como poder, pois ela é aparelho ideológico que congrega essas teorias e também é produto e reflexo do contexto histórico e socioeconômico no qual está inserida.

Crítica das teorias administrativas

O interesse de Tragtenberg pelas teorias administrativas está no bloqueio que elas representam para a autogestão na medida em que promovem a separação entre os planejadores e executantes do trabalho, oprimindo e controlando o trabalhador. Assim, ele estuda as teorias administrativas como produtos de determinadas realidades históricas, analisando, principalmente, a Escola Clássica e a Escola de Relações Humanas. Para proceder essa análise, Tragtenberg (1974) parte das seguintes premissas:

- as teorias administrativas são produtos das formações socioeconômicas de um determinado contexto histórico, de modo que são extremamente dinâmicas na sua potencialidade de se adaptar às demandas do modelo de acumulação capitalista e regulação social vigentes;
- as teorias administrativas expressam-se de duas maneiras: ideologicamente, ao se manifestarem como idéias desistoricizadas que recorrem a disfarces mais ou menos conscientes para esconder a verdadeira natureza da situação; e operacionalmente, ao constituírem práticas, técnicas e intervenções consistentes com essas idéias.

Em *Burocracia e ideologia* (1974), Tragtenberg afirma que as teorias administrativas, inspiradoras do modo fordista de produção, constituem harmonias administrativas, uma vez que recorrem a uma abordagem positivista das relações sociais. Na sua visão, essa inspiração positivista levou as teorias a se caracterizarem pela negação, ou manipulação dos conflitos, pela utilização de mecanismos diretos ou indiretos de controle social, que garantem a produtividade e promovem um ordenamento harmônico das relações no mundo do trabalho. Constitui-se, assim, na visão de Tragtenberg, a ideologia da harmonia administrativa, que, ao dissimular a natural tensão entre os interesses dos empresários e dos trabalhadores, dispersa as energias individuais e sociais direcionadas para a democratização das relações no mundo do trabalho. Isso possibilita a perpetuação das relações de dominação, reduzindo as perspectivas de emancipação humana nas organizações. Em outras palavras, a harmonia administrativa favorece a produtividade e a ordem nas organizações, mas está muito longe de promover a liberdade do trabalhador e viabilizar a autogestão.

Antes de tratar das teorias administrativas propriamente ditas, Tragtenberg procura reconstituir o contexto histórico que permitiu a sua reprodução, bem como resgata as idéias de alguns sociólogos sobre a consolidação do capitalismo. Seu ponto de partida é a Revolução Industrial, analisando a situação da Inglaterra, onde tudo começou e se desenvolveu em função do primeiro impulso de acumulação de capital. Esse impulso inicial envolve dois fatores: o cercamento de terras e a Revolução Comercial, que se apóia na indústria têxtil e na marinha mercante. Em seguida, Tragtenberg compara a Inglaterra e a Alemanha, onde a Revolução Industrial foi gradual e incompleta, uma vez que persistiu o sistema de guildas e faltou um Estado mais centralizado. Discute, então, a reação intelectual à Revolução Industrial que partiu dos positivistas ligados ao socialismo utópico, como Saint-Simon, Proudhon, Fourier, e, também, de Karl Marx. Os primeiros notabilizaram-se por negar o espírito revolucionário e louvar as soluções pacíficas e organizadoras para restaurar o progresso e a ordem social. O marxismo destaca-se por ser uma filosofia da ação, baseada na vontade humana, que fomentaria uma revolução a fim de destituir a classe burguesa de seu poder.

Com a segunda Revolução Industrial, as teorias sociais de caráter totalizador e global dos positivistas e as teorias de Marx dão lugar às teorias microindustriais de alcance médio, que auxiliariam na transição do capitalismo liberal para o capitalismo monopolista. Segundo Tragtenberg, o capitalismo monopolista foi produto de um sistema econômico no qual se estabeleceram grandes corporações que tinham o controle monopólico do mercado e ambicionavam produzir em larga escala. No início do século XX, as corporações buscavam meios de maximizar a produtividade pelo uso das máquinas e da intensificação do trabalho, e a conjuntura histórica e econômica daquela época favoreceu a racionalização da produção. Taylor foi ao encontro a essas expectativas ao criar um sistema de produção no qual havia uma "única maneira correta de se executar uma tarefa", determinada pela medição dos tempos e movimentos e regulada pelo estabelecimento de quotas de produção, que significava uma remuneração proporcional à quantidade de trabalho realizado.

Em suas análises, Tragtenberg destaca que a implantação do taylorismo pressupõe a existência de empresas com grande poder econômico e político, a debilidade sindical dos operários, a ausência de legislação social e o predomínio da oferta sobre a procura no mercado de mão-de-obra. Tragtenberg também explora a formação *quaker* de Taylor com intuito de mostrar como a ética protestante, no sentido weberiano, permeia o taylorismo. Na sua visão, o *ethos* racionalizador do taylorismo foi complementado pelas teorias de Fayol, que, inspiradas nas estruturas militares, demarcaram os parâmetros essenciais da organização burocrática: o formalismo e a hierarquia. Assim, da combinação entre a racionalização do trabalho na fábrica e nas estruturas administrativas, nasceu a Escola Clássica. De acordo com Tragtenberg, partindo desse ideário e práticas, os representantes da Escola Clássica viabilizaram a primeira fase do capitalismo monopolista, mas suas tentativas de obter, por meio da força, a harmonia nas relações de trabalho, mostraram-se bastante limitadas. Uma vez que os métodos tayloristas em nada contribuíam para reduzir a dissonância cognitiva do funcionário em relação à exploração de sua força de trabalho, abriu-se espaço para contestações individuais e organizadas ao sistema, que acabaram fortalecendo o sindicalismo e demandando uma nova forma de a administração lidar com os conflitos entre capital e trabalho. Analisando esse fenômeno, Tragtenberg demonstra como a Escola das Relações Humanas emerge e redefine a lógica da eficiência taylorista como lógica de cooperação.

Tragtenberg recorre à vertente positivista e procura estabelecer um paralelo entre o pensamento de Elton Mayo e de Émile Durkheim. Na sua visão foi partindo das considerações de Durkheim que Mayo concluiu que os conflitos são desintegradores da sociedade e passou a defender a revalorização dos grupos informais na organização como forma de combater a sensação de anomia (desenraizamento) e promover o equilíbrio das relações. Desse exame crítico, Tragtenberg revela que o positivismo é a base da lógica cooperativa e integradora que permeia a Escola das Relações Humanas. Na sua visão, Mayo reequacionou a lógica eficientista da Escola Clássica a partir das máximas cooperação, consenso, integração e participação. Nisso residiria o caráter ideológico da Escola das Relações Humanas: ela procura dissimular a dominação por meio de discursos e práticas participativas, desviando a atenção de seu objetivo central, que é manter a produtividade nas organizações e reduzir as tensões entre capital e trabalho. Por outro lado, a Escola das Relações Humanas também herda características tayloristas, pois prossegue escamoteando os conflitos, uma vez que apenas substitui a contenção direta pela manipulação, além de manter a separação entre planejamento e execução no desenvolvimento das tarefas.

No que se refere à abordagem sistêmica, Tragtenberg afirma que os seus modelos procuram soluções de equilíbrio, além de máxima produtividade, racionalização e eficiência, ocultando antagonismos sociais e otimizando o presente em uma ruptura com o processo histórico. Tragtenberg também não poupa críticas aos processos de automatização e informatização, que idealmente eliminariam o trabalho simples, transformando o conhecimento em força produtiva; não o fazem, no entanto, porque há temor de depreciação do capital em conseqüência do progresso tecnológico. Na sua visão, a automação não elimina as tarefas parceladas e repetitivas, pois cria outras e não leva necessariamente à especialização profissional, já que podem se tornar independentes dos operadores. A informática estaria, então, diminuindo o custo de reprodução ampliada do capital e aumentando a acumulação da mais-valia relativa, porque ela favorece a centralização das decisões e constitui um recurso para manter a taxa média de lucro, na medida em que reduz as despesas gerais e o custo da produção.

Em síntese, ao analisar as duas principais escolas administrativas da primeira metade do século, além da abordagem sistêmica, Tragtenberg vislumbrou as ideologias que permeariam o nosso presente e que se baseiam no contingencialismo e nas tecnologias de informação. Em um trabalho no qual revisito o pensamento de Tragtenberg (Paes de Paula, 2002), aprofundo como suas idéias ainda se aplicam ao atual contexto capitalista e às suas práticas de gestão.

Crítica da co-gestão e defesa da autogestão

É importante salientar que, embora Tragtenberg se dirija explicitamente à Escola das Relações Humanas e à Psicologia Social, por vezes ele está se referindo à Escola Comportamental. Essa escola começou a se constituir durante a década de 1940: é herdeira do ideário da Escola de Relações Humanas e exerceu grande influência nas empresas brasileiras durante toda a década de 1970. Por meio da abordagem behaviorista, expressa nas teorias de autores como Abraham Maslow, Frederick Herzberg, Douglas McGregor, Rensis Likert e Chester Barnard, essa escola procurou posicionar-se como uma legítima opositora da Escola Clássica. No entanto, a tentativa não a isenta de suas dívidas com o psicologismo e com o funcionalismo. Na verdade, utilizando técnicas como a dinâmica de grupo, a liderança não-diretiva e o aconselhamento, entre outras, a Escola Comportamental prosseguiu legitimando o que Tragtenberg chama de ideologia participacionista.

É com essa argumentação que Tragtenberg radicaliza em seu livro *Administração, poder e ideologia* (1980a) as críticas à Escola Comportamental. Analisando as empresas brasileiras na década de 1970, Tragtenberg demonstra que, ao utilizar técnicas participativas, estas apenas estimulam nos funcionários uma consciência de que são importantes no processo decisório, quando, na verdade, apenas endossam decisões que já foram tomadas. Para Tragtenberg, a Escola Comportamental representa a negação e a evitação do conflito de classes na medida em que psicologiza, com base na abordagem behaviorista, os problemas do trabalhador, tratando-os como questões individuais e grupais e não mais como um reflexo do contexto social. Em outras palavras, ao interpretar tensões procedentes das relações entre capital e trabalho como problemas individuais e de personalidade, o psicologismo oculta os conflitos políticos e impossibilita que eles sejam equacionados como uma questão de partilha de poder.

Com essa crítica, Tragtenberg (1980a) abre caminho para analisar a falácia da co-gestão tanto nas empresas quanto no Estado. De acordo com a sua definição, a co-gestão é entendida oficialmente como um equilíbrio de poderes visando ao bom funcionamento da empresa e à participação nos lucros. Nas organizações, a co-gestão aparece na figura dos conselhos, das comissões e dos comitês de empresa, e para estudá-la Tragtenberg leva em conta as suas estruturas, o poder e a função. Com esses critérios, ele analisa as experiências alemã e francesa, demonstrando que em ambos os casos é possível constatar que a co-gestão não abre espaço para contestação dos trabalhadores nem altera o poder dos grupos financeiros que dominam as empresas industriais. Além disso, Tragtenberg verifica que a participação não diminui o poder de direção, além de ocultar os conflitos, de modo que a co-gestão não passa de uma pseudoparticipação e configura mais uma "panacéia administrativa".

Por meio dessa análise, Tragtenberg busca valorizar a autogestão, ou seja, a organização da produção em bases democráticas e cooperativistas pelos próprios trabalhadores. É nesse contexto que ocorre sua defesa à tradição luxemburguista e conselhista, representada, entre outros teóricos marxistas, por Pannekoek, que desenvolveu uma teoria de conselhos de trabalhadores na indústria. Tragtenberg vê nos conselhos autogestionários um papel estratégico para autonomizar os trabalhadores em relação ao Estado e aos sindicatos e também defende as iniciativas da sociedade civil, como a democracia direta. De acordo com Silva (2004), entre as experiências destacadas por Tragtenberg está a comissão de fábrica da Asama, em São Paulo, que seria uma contraposição à comissão da Ford em São Bernardo do Campo. A comissão da Asama destacava-se por não ser tutelada nem atrelada ao sindicato; possui membros com mandato revogável, respeitando o princípio de horizontalidade das relações e funcionando apenas como um órgão consultivo (Tragtenberg, 1981b; e Almeida, 1991). A cooperativa de costureiras de Monlevade, em Minas Gerais (Tragtenberg, 1981c), é outra experiência salientada por ele, pois nela a organização da produção era supervisionada em rodízio pelas associadas, e a administração estava nas mãos de um conselho que dispensava o gerente técnico.

No campo da gestão pública, o destaque fica para a democracia participativa de Lages, em Santa Catarina (Tragtenberg, 1980b; 1982), com fundamento no investimento na agricultura, nas hortas e nos pomares comunitários, nos mutirões para habitação, na medicina preventiva, na educação associada ao trabalho, no incentivo à cultura popular e nas associações de moradores. Tragtenberg (1981d; 1982) também ressalta a administração popular de Boa Esperança, no Espírito Santo, onde as comunidades discutiam medicina preventiva, saneamento básico, implantação de cursos profissionalizantes, produção agrícola e industrial, infra-estrutura, educação e segurança no Conselho Municipal de Desenvolvimento, que contava com a participação de lideranças populares.

No entanto, Tragtenberg (1981e) reconhece que essas práticas não constituem uma alternativa global ao sistema, uma vez que não promovem mudanças estruturais. Apesar disso, ele acredita que elas mostram que o povo tem capacidade de fazer e criar dentro das condições mais adversas. Na sua visão, uma tentativa de ruptura estrutural com o sistema, no contexto da abertura política que, então, se processava (década de 1980), poderia gerar uma repressão desestruturadora das comunidades de base, dos sindicatos e das associações de bairro que levaram anos para se constituírem. Suscita curiosidade o que ele diria sobre essas experiências hoje, em um contexto democrático, considerando que dez anos mais tarde (Tragtenberg, 1991) explicitaria sua desilusão com a social-democracia brasileira, criticando, inclusive, o Partido dos Trabalhadores (PT). Na sua visão, pelo projeto de levar um operário à presidência, o PT acabaria possibilitando a ascensão social de uma pequena burguesia em vez de uma verdadeira mudança social.

Futuro do anarquismo

Neste capítulo, descrevi e avaliei as contribuições de Tragtenberg para estudos organizacionais críticos utilizando como referencial seu marxismo anarquizante. Dessa forma, foi possível analisar como as críticas que Tragtenberg faz à burocracia, às teorias administrativas e à co-gestão são motivadas por suas tendências anarquistas e por sua defesa da autogestão tanto nas organizações empresariais quanto na sociedade civil. Diante dessas evidências, é pertinente questionar a atualidade das idéias e proposições de Tragtenberg no mundo em que vivemos. Contrapondo as mesmas como a realidade na qual estamos imersos, é interessante observar que a sua produção é de grande contemporaneidade, pois em um contexto de decadência do socialismo real e de crise do neoliberalismo, o anarquismo emerge como a utopia de nosso tempo. O movimento de resistência à globalização e ao neoliberalismo vem sendo classificado por alguns autores (Graeber, 2002) como um movimento anarquista, por se basear nas redes horizontais, nos princípios de descentralização e na democracia não hierárquica em vez de recorrer às estruturas *top-down*, como os Estados, os partidos políticos e as corporações.

Antunes (2005) acredita que estamos testemunhando um retorno à literatura libertária em suas mais diversas variantes, apontando como exemplo o livro de Hardt e Negri (2004), *O trabalho de Dionísio*, mas discorda da existência de um *revival* do anarquismo no século XXI. Outros autores são mais otimistas, como Chomsky (2004), um dos defensores contemporâneos do anarquismo, simpatizante do luxemburguismo, do conselhismo operário de Pannekoek e do anarcossindicalismo de Rudolf Rocker, mas crítico de Marx na mesma linha sustentada por Bakunin. Na sua visão, as idéias anarquistas são apropriadas para nossa época, pois se ajustam à organização de uma sociedade industrial avançada e altamente complexa na medida em que a industrialização e o avanço tecnológico viabilizam a autogestão em larga escala. Castells (2005) vai na mesma direção, uma vez que acredita que o anarquismo se adiantou em seu tempo, pois enquanto o marxismo ortodoxo parece ter ficado confinado ao século XX, o anarquismo emerge com nova vitalidade no século XXI por se mostrar um instrumento de luta alinhado com as atuais condições. Uma vez que o anarquismo busca conciliar a autonomia pessoal e local com a complexidade da organização produtiva e da vida cotidiana no contexto de um mundo industrializado e interdependente, a tecnologia tornou-se a sua principal aliada, pois possibilita que organizações autônomas debatam, votem e administrem em uma rede interativa de comunicação.

O anarquismo também é atual para Newman (2003), que acredita que a teoria pós-marxista e a política radical de autores como Ernesto Laclau e Chantal Mouffe precisa reconhecer a contribuição do anarquismo clássico à conceituação de um campo político totalmente autônomo, uma vez que vem se mantendo silenciosa a respeito dessa tradição revolucionária. Além disso, para o autor, o anarquismo benficiar-se-ia com a incorporação de perspectivas teóricas contemporâneas, como a análise do discurso e a psicanálise. Para Newman, o pós-estruturalismo ampliar-se-ia em se aproximar do anarquismo, pois poderia com ele resgatar um conteúdo ético-político adequado ao agenciamento individual e à resistência no contexto de relações de poder onipresentes. Conforme já vimos anteriormente, para que isso seja possível, seria necessário reconstituir sua noção de sujeito.

Finalizando, vale a pena frisar que, considerando a atualidade do anarquismo, a perspectiva de Maurício Tragtenberg pode ser valiosa para os estudos organizacionais críticos, pois abre novos caminhos para a exploração teórica, como os autores anarquistas e os marxistas heterodoxos. Por outro lado, as cooperativas, as organizações não-governamentais, os movimentos sociais, os conselhos, bem como outras formas de organização de inspiração autogestionária, tornam-se campos férteis para pesquisa, pois envolvem modelos de organização complexos e sofisticados, na medida em que se voltam para a auto-organização e participação. Nesse contexto, é importante lembrar que anarquismo é uma negação da autoridade, mas não da organização, que deve dar-se de uma maneira autônoma a partir das bases, evitando as armadilhas da burocratização.

Conclusão

Neste livro fiz uma discussão dos caminhos possíveis para os estudos críticos em administração. Uma vez que a minha intenção era preservar a autonomia da produção nacional no campo, dirigi críticas ao movimento *critical management studies*, que é predominantemente pós-estruturalista, resgatei o cerne do pensamento dos principais críticos brasileiros e apontei alguns caminhos teóricos que podem nos ajudar a preservar essa tradição. Nesse percurso, demonstrei que isso depende de uma restauração do humanismo, ou seja, de uma atualização das teorias utilizadas por Alberto Guerreiro Ramos e Maurício Tragtenberg que preserve a centralidade do sujeito nos estudos organizacionais.

Se há algo em comum no pensamento desses dois autores, certamente é a importância que eles atribuem ao sujeito em suas formulações. Enquanto Guerreiro Ramos se inspirou no existencialismo, Tragtenberg travava sua discussão com o anarquismo, de modo que ambos os autores, por trilhas diferentes, mas irmanados em uma visão humanista, chegaram à questão do sujeito e da sua ação nas organizações. Os dois também direcionaram suas preocupações para a questão pública e a elaboração de novos formatos organizacionais: aproximando-se dos ideais que hoje se cultivam na economia solidária, Guerreiro Ramos sugeriu as isonomias e fenonomias em contraposição às economias, e Tragtenberg fez uma ampla defesa da autogestão.

Críticos do fenômeno burocrático e da sociedade centrada no mercado, Guerreiro Ramos e Tragtenberg não fizeram concessões às corporações econômicas, afastando qualquer esperança de que os sujeitos pudessem se emancipar no contexto dessas organizações. Apostaram na expansão das possibilidades de vida, incentivando a busca de outras frentes de atuação tendo em vista a libertação: o trabalho comunitário, a produção artística e a autonomia intelectual. Por esse motivo, também se dedicaram à teoria e prática de uma pedagogia crítica, ao questionar os conteúdos abordados nas *business schools* e indicar novos caminhos para o ensino na área da administração.

Se eles estivessem entre nós, certamente combateriam as visões pós-estruturalistas que advogam a morte do sujeito, restaurando nossa crença na capacidade de autoconsciência humana. Foi para defender esse legado que escrevi este livro, pois, nas idas e vindas pelo país afora, em congressos, encontros e bancas examinadoras, pude perceber a ânsia dos estudantes e pesquisadores por indicações para dar prosseguimento aos passos desses nossos mestres. Não sei se consegui dar conta do recado, mas está aberto o debate: espero um dia ouvir também a sua opinião.

Bibliografia Comentada

ALVESSON, M.; WILLMOTT, H. On the idea of emancipation in management and organization studies. *Academy of Management Review*, v. 17, n. 3, p. 432-464, 1992.

Artigo no qual os autores discutem a noção de emancipação dos pós-estruturalistas, criticando a emancipação ampliada sugerida pela teoria crítica.

ANDERSON, P. *Considerações sobre o marxismo ocidental*. São Paulo: Brasiliense, 1989.

Livro esclarecedor que discute a história do marxismo e que faz uma diferenciação entre as várias abordagens possíveis para a leitura da obra de Marx, criticando o marxismo ortodoxo e enfatizando o trabalho dos marxistas ocidentais, como os teóricos da Escola de Frankfurt, Gramsci e Sartre. Recomendável para iniciantes.

BRONNER, S. E. *Da teoria crítica e seus teóricos*. Campinas: Papirus, 1997.

Livro completo que aborda a história da Escola de Frankfurt desde de seus primórdios, passando por Korsch, Luckács e Bloch e pelos principais representantes da primeira geração da

Escola, Adorno, Horkheimer, Marcuse e Benjamin; essa obra também aborda as idéias de Habermas, representante da segunda geração, além de discutir o futuro da teoria crítica. A linguagem exige algum domínio do tema, de modo que deve ser consultado após leituras iniciais sobre o assunto.

BURRELL, G.; MORGAN, G. *Sociological paradigms and organizational analysis*. Londres: Heinemann, 1979.

Livro clássico da literatura organizacional que discute os principais paradigmas sociológicos: o estruturalismo radical, o funcionalismo, o interpretacionismo e o humanismo radical. Embora possa ser criticado por simplificar o complexo campo da teoria sociológica, constitui uma importante referência didática para quem está iniciando seus estudos na área.

CALDAS, M. P.; FACHIN, R. Paradigma funcionalista: desenvolvimento de teorias e institucionalismo nos anos 1980 e 1990. *Revista de Administração de Empresas*, São Paulo, v. 45, n. 2, p. 46-51, abr./jun. 2005.

Artigo que estabelece as principais características do paradigma funcionalista nos estudos organizacionais e enfatiza o institucionalismo. Esse texto serve como guia para quem está começando seus estudos na área.

CLEGG, S. et al. (orgs.). *Handbook de estudos organizacionais*. v. I, II e III. São Paulo: Atlas, 1998, 2001, 2004.

Coleção organizada por Stewart Clegg, Cynthia Hardy e Walter Nord em 1996 que aborda os temas emergentes nos estudos organizacionais, inclusive a teoria crítica e o pós-modernismo. No Brasil, foi editado por Miguel Caldas, Roberto Fachin e Tânia Fischer em três volumes e com notas técnicas de pesquisadores brasileiros. Referência indispensável para quem realiza trabalhos na área.

COSTA, C. T. *O que é anarquismo?* São Paulo: Brasiliense, 1980.

Livro da Coleção Primeiros Passos que auxilia quem está iniciando seus estudos sobre anarquismo.

FARIA, J. H. *Economia política do poder*. v. I, II e III. Curitiba: Juruá, 2004.

Livro editado em três volumes no qual o autor consolida 25 anos de pesquisa no campo dos estudos críticos. Fundamental para quem está estudando a questão do poder, pois atualiza a discussão, ao passar pelas diversas abordagens possíveis para o tema.

FREITAG, B. *A teoria crítica*: Ontem e hoje. 5. ed. São Paulo: Brasiliense, 2004.

Livro que aborda a Escola de Frankfurt, apontando suas principais características e temáticas. Bom material para iniciantes que queiram entender um pouco mais sobre a primeira geração frankfurtiana, embora a autora seja declaradamente habermasiana e por vezes acabe por dirigir suas análises nessa direção.

GONZÁLEZ-REY, F. L. *Sujeito e subjetividade*: uma aproximação histórico-cultural. São Paulo: Pioneira Thomson Learning, 2003.

Material de referência para quem está estudando a questão do sujeito e da subjetividade, especialmente se o interesse for resgatar o sujeito em uma perspectiva humanista.

GUERREIRO RAMOS, A. *A redução sociológica*. Introdução ao estudo da razão sociológica. 2. ed. Rio de Janeiro: Tempo Brasileiro, 1965.

Livro fundamental para compreender o pensamento de Guerreiro Ramos, pois aborda um dos conceitos básicos que sustentam sua obra: a redução sociológica.

GUERREIRO RAMOS, A. *A nova ciência das organizações:* uma reconceituação da riqueza das nações. 2. ed. Rio de Janeiro: Editora da FGV, 1989.

Livro no qual o autor consolida trinta anos de pesquisa na área e faz uma crítica do liberalismo de Adam Smith, propondo uma nova ciência das organizações por meio da abordagem substantiva. Clássico na teoria das organizações, é referência indispensável para todos aqueles que pretendem abordar a fenomenologia crítica de Guerreiro Ramos.

HARVEY, D. *Condição pós-moderna*. 6. ed. São Paulo: Loyola, 1992.

Livro que discute os modelos de organização do trabalho pósfordistas e o capitalismo de acumulação flexível, apontando o pós-modernismo como manifestação desses fenômenos. Referência importante para entender os desdobramentos históricos recentes e o pós-modernismo como ideologia.

JAMESON, F. *Pós-modernismo*. A lógica cultural do capitalismo tardio. 2. ed. São Paulo: Ática, 1997.

Livro notável, embora de difícil leitura, sobre o pós-modernismo, como ruptura de uma época, movimento estético e ideologia. Material ao qual vale a pena se dedicar pelos *insights* que gera para os estudos críticos.

KONDER, L. *O que é dialética?* 28. ed. São Paulo: Brasiliense, 1997.

Livro da Coleção Primeiros Passos que ajuda no entendimento da dialética marxista.

PARKER, M. Capitalism, subjectivity and ethics: debating labour process analysis. *Organization Studies*, v. 20, n. 1, p. 25-45, 1999.

Artigo no qual o autor desvenda o debate entre os neomarxistas e os pós-estruturalistas sobre a reconstrução da teoria do processo de trabalho (TPT) de Braverman. Importante texto para se entender o posicionamento humanista do autor, que questiona seus colegas pós-estruturalistas Knights e Willmott.

PARKER, M. *Against management*: organization in the age of managerialism. Cambridge: Polity Press; Blackwell Publishers, 2002.

Livro que oferece um balanço da crítica do gerencialismo e dos estudos críticos sobre administração realizados na Europa, constituindo uma referência fundamental para entender o movimento *critical management studies* e o pensamento de Parker.

PETERS, M. *Pós-estruturalismo e filosofia da diferença*. Uma introdução. Belo Horizonte: Autêntica, 2000.

Livro sintético e esclarecedor sobre o estruturalismo, o pós-estruturalismo e a filosofia da diferença. O autor discute as características desses movimentos e tenta responder às críticas que são feitas aos pós-estruturalistas, de modo que o trabalho, além de ser um dos poucos disponíveis sobre o assunto, constitui referência fundamental para quem quer entender melhor a questão.

PRESTES MOTTA, F. C. *Organização e poder*: empresa, Estado e escola. São Paulo: Atlas, 1986.

Clássico da teoria das organizações no Brasil, esse livro é considerado pelo próprio autor um dos melhores de sua produção. Discute, com maestria, como a burocracia se imiscui nas empresas, no Estado e nas escolas reproduzindo relações de dominação.

PRESTES MOTTA, F. C.; ALCADIPANI, R. O pensamento de Michel Foucault na teoria das organizações. *Enanpad*, n. 27, 2003, Atibaia, SP. *Anais...* Rio de Janeiro: Anpad, 2003. 1 CD-ROM.

Artigo no qual os autores abordam como o pensamento de Michel Foucault é utilizado na teoria das organizações; texto importante porque faz considerações que permitem sugerir a existência de uma leitura teórico-crítica e uma leitura pós-estruturalistas da obra de Foucault.

TENÓRIO, F. *Flexibilização organizacional:* mito ou realidade? Rio de Janeiro: Editora FGV, 2000.

Livro que tem como ponto de partida a Escola de Frankfurt e a teoria da ação comunicativa de Habermas e que questiona as possibilidades emancipatórias dos modelos de flexibilização pós-fordistas.

TRAGTENBERG, M. *Burocracia e ideologia*. São Paulo: Ática, 1974.

Outro clássico da teoria das organizações nacional, no qual o autor discute o fenômeno burocrático, criticando Weber e demonstrando por que a teoria da administração é uma ideologia. Indispensável para aqueles que pretendem abordar a obra de Maurício Tragtenberg.

_____. *Administração, poder e ideologia*. São Paulo: Moraes, 1980.

Livro no qual Maurício Tragtenberg aprofunda sua crítica à teoria da administração e questiona a co-gestão, que é fundamental para o estudo da autogestão.

VERGARA, S. C.; CALDAS, M. P. Paradigma interpretacionista: a busca da superação do objetivismo funcionalista nos anos 1980 a 1990. *Revista de Administração de Empresas*, São Paulo, v. 45, n. 4, p. 66-72, out./dez. 2005.

Artigo que aborda as principais características do paradigma interpretacionista, discutindo as teorias e os métodos de pesquisa que o apóiam, servindo de referências para quem está iniciando seus estudos no campo dos estudos organizacionais.

VIEIRA, M. M. F.; CALDAS, M. P. Teoria crítica e pós-modernismo: principais alternativas à hegemonia funcionalista. *Revista de Administração de Empresas*, v. 46, n. 1, p. 59-70, jan./mar. 2006.

Artigo que faz uma diferenciação entre a teoria crítica e o pós-modernismo nos estudos organizacionais, discutindo suas principais características e introduzindo o tema ao leitor.

Referências Bibliográficas

ACCIOLY E SILVA, D.; MARRACH, S. *Maurício Tragtenberg*. Uma vida para as ciências humanas. São Paulo: Editora da Unesp, 2001.

ADORNO, T.; HORKHEIMER, M. *Dialética do esclarecimento*. Fragmentos filosóficos. Rio de Janeiro: Jorge Zahar, 1985.

ALCADIPANI, R. Réplica: a singularização do plural. *Revista de Administração Contemporânea*, v. 9, n. 1, p. 213-222, jan./mar. 2005.

ALMEIDA, I. A. *Construindo a identidade operária*: a história da comissão de fábrica da Asama. São Paulo, 1991. Dissertação (Mestrado em Administração) – Faculdade de Administração, Pontifícia Universidade Católica.

ALTHUSSER, L. *For Marx*. Harmondsworth: Penguin, 1969.

ALVESSON, M. *Organization theory and technocratic consciousness*: rational ideology and quality of work. Nova York: Walter de Gruyter, 1987.

_____. *Postmodernism and social research*. Buckingham; Filadélfia: Open University Press, 2002.

ALVESSON, M.; DEETZ, S. Teoria crítica e abordagens pós-modernas para estudos organizacionais. In: CLEGG, S. et al.; (orgs.). *Handbook de estudos organizacionais*. Modelos de análise e novas questões em estudos organizacionais. v. 1. São Paulo: Atlas, 1999.

ALVESSON, M.; WILLMOTT, H. On the idea of emancipation in management and organization studies. *Academy of Management Review*, v. 17, n. 3, p. 432-464, 1992a.

_____. *Critical management studies*. Londres: Sage, 1992b.

_____ (orgs.). *Making sense of management*. A critical analysis. Londres: Sage, 1993.

ANDERSON, J. *The "third generation" of the Frankfurt School*. Disponível em: <http://www.marcuse.org/herbert/scholaractivists/00JoelAnderson3rdGeneration.htm> Acesso em: 17 fev. 2007.

ANDERSON, P. *Considerações sobre o marxismo ocidental*. São Paulo: Brasiliense, 1989.

ANTUNES, R. *Revival* do anarquismo? In: ANTUNES, R. *O caracol e sua concha*. Ensaios sobre a nova morfologia do trabalho. São Paulo: Boitempo, 2005.

ASSOUN, P. L. *A Escola de Frankfurt*. São Paulo: Ática, 1991.

BERTHIER, R. Concepções anarco-sindicalistas da autogestão. In: LEVAL, G.; BERTHIER, R.; MINTZ, F. *Autogestão e anarquismo*. São Paulo: Imaginário, 2002.

BÖHM, S.; SPOELSTRA, S. No critique. *Ephemera*, v. 4, n. 2, p. 94-100, 2004.

BOJE, D. et al. Radicalising organization studies and the meaning of critique. *Ephemera*, v. 1, n. 3, p. 303-313, 2001.

BORNHEIM, G. *Sartre*: Metafísica e existencialismo. 3. ed. São Paulo: Perspectiva, 2000.

BRONNER, S. E. *Da teoria crítica e seus teóricos*. Campinas: Papirus, 1997.

_____. Introdução. In: BRONNER, S. E. *Da teoria crítica e seus teóricos*. Campinas: Papirus, 1997a.

_____. Kark Korsch: o marxismo ocidental e as origens da teoria crítica. In: BRONNNER, S. E. *Da teoria crítica e seus teóricos*. Campinas: Papirus, 1997b.

_____. Antecipações filosóficas: comentário sobre o ensaio "reificação", de Georg Lukács. In: BRONNER, S. E. *Da teoria crítica e seus teóricos*. Campinas: Papirus, 1997c.

_____. Projeções utópicas: em homenagem a Ernst Bloch. In: BRONNER, S. E. *Da teoria crítica e seus teóricos*. Campinas: Papirus, 1997d.

_____. A dialética imobilizada: uma indagação metodológica da filosofia de Theodor W. Adorno. In: BRONNER, S. E. *Da teoria crítica e seus teóricos*. Campinas: Papirus, 1997e.

_____. Jürgen Habermas e a linguagem da política. In: BRONNER, S. E. *Da teoria crítica e seus teóricos*. Campinas: Papirus, 1997f.

_____. A estrada de Horkheimer. In: BRONNER, S. E. *Da teoria crítica e seus teóricos*. Campinas: Papirus, 1997g.

_____. Pontos de partida: esboços para uma teoria crítica com fins públicos. In: BRONNER, S. E. *Da teoria crítica e seus teóricos*. Campinas: Papirus, 1997h.

BRUNO, B. A heterodoxia do pensamento de Maurício Tragtenberg. In: SILVA, D. A.; MARRACH, S. A. *Maurício Tragtenberg:* uma vida para as ciências humanas. São Paulo: Unesp/Fapesp, 2001.

BURAWOY, M. *Manufacturing consent*. Chicago: Chicago University Press, 1979.

BURRELL, G.; MORGAN, G. *Sociological paradigms and organizational analysis*. Londres: Heinemann, 1979.

CALDAS, M. P.; FACHIN, R. Paradigma funcionalista: desenvolvimento de teorias e institucionalismo nos anos 1980 e 1990. *Revista de Administração de Empresas*, São Paulo, v. 45, n. 2, p. 46-51, abr./jun. 2005.

CARRIERI, A. P.; RODRIGUES, S. B. A tradição anglo-saxônica nos estudos organizacionais brasileiros. *Revista de Administração Contemporânea*, v. 5, edição especial, p. 81-102, 2001.

CASTELLS, M. Neonarquismo. *La Vanguardia*, 21 maio 2005 Disponível em: <htpp://estrecho.indymedia.org/newswire/display/13637/index.php> Acesso em: 29 set. 2005.

CHOMSKY, N. *Notas sobre o anarquismo*. São Paulo: Imaginário, 2004.

CLEGG, S.; DUNKERLEY, D. *Organization, class and control*. Londres: Routledge and Kegan Paul, 1980.

CLEGG, S.; HARDY, C. Representação. *Handbook de estudos organizacionais*. Reflexões e novas direções. v. 2. São Paulo: Atlas, 2001.

CLEGG, S. et al. (orgs.). *Handbook de estudos organizacionais*. Modelos de análise e novas questões em estudos organizacionais. v. I. São Paulo: Atlas, 1998.

_____. *Handbook de estudos organizacionais*. Reflexões e novas direções. v. II. São Paulo: Atlas, 2001.

_____. *Handbook de estudos organizacionais*. Ação e análise organizacionais. v. III. São Paulo: Atlas, 2004.

CLEGG, S. et al. For management? *Management Learning*, v. 37, n. 1, p. 7-27, 2006.

COSTA, C. T. *O que é anarquismo?* São Paulo: Brasiliense, 1980. (Coleção Primeiros Passos).

D'AGOSTINI, F. *Lógica do niilismo*. Dialética, diferença e recursividade. São Leopoldo: Editora Unisinos, 2002.

DAVEL, E.; ALCADIPANI, R. Estudos críticos em administração: a produção científica brasileira nos anos 1990. *Revista de Administração de Empresas*, São Paulo, v. 43, n. 4, p. 72-85, out./dez. 2003.

DEJOURS, C. *A loucura do trabalho:* estudo de psicopatologia do trabalho. São Paulo: Oboré, 1987.

_____. *Psicodinâmica do trabalho:* contribuições da escola dejouriana à análise da relação prazer, sofrimento e trabalho. São Paulo: Atlas, 1994.

_____. *O fator humano*. Rio de Janeiro: Editora FGV, 1997.

_____. *A banalização da injustiça social*. Rio de Janeiro: Editora FGV, 1999.

DOMINGUES, J. M. *Teorias sociológicas no século XX*. Rio de Janeiro: Civilização Brasileira, 2001.

_____. *Ensaios de sociologia*. Teoria e pesquisa. Belo Horizonte: Editora UFMG, 2004.

DOSSE, F. *História do estruturalismo*. São Paulo: Ensaio; Campinas: Unicamp, 1993.

ENRIQUEZ, E. L'imaginaire social, refoulement e et répression dans les organizations. *Connexions*, n. 3, 1972.

_____. *Da horda ao Estado*. Rio de Janeiro: Jorge Zahar, 1990.

_____. *A organização em análise*. Petrópolis: Vozes, 1997a.

_____. *Les jeux du pouvoir et du desir dans l'entreprise*. Paris: Desclée de Brouwer, 1997b.

FARIA, J. H. *O autoritarismo nas organizações*. Curitiba: Criar, 1985a.

FARIA, J. H. *Relações de poder e formas de gestão*. 2. ed. Curitiba: Criar, 1985b.

_____. *Comissões de fábrica*: poder e trabalho nas unidades produtivas. Curitiba: Criar, 1987.

_____. *Tecnologia e processo de trabalho*. Curitiba: Editora da UFPR, 1992.

_____. *Economia política do poder:* fundamentos. v. 1. Curitiba: Juruá, 2004a.

_____. *Economia política do poder:* uma crítica da teoria geral da administração. v. 2. Curitiba: Juruá, 2004b.

_____. *Economia política do poder:* as práticas do controle nas organizações. v. 3. Curitiba: Juruá, 2004c.

FISCHER, F.; SIRIANNI, C. (eds.). *Critical studies in organization and bureaucracy*. Filadélfia: Temple University Press, 1984.

FORESTER, J. Critical theory and organizational analysis. In: MORGAN, G. (ed.). *Beyond method*: Bervely Hills: Sage, 1983.

FOUCAULT, M. Structuralism and post-structuralism: an interview with Michel Foucault. *Telos*, n. 55, p. 195-211, 1983.

_____. Qu'est-ce que la critique? Critique et Aufklärung. *Bulletin de la Societé Française de philosophie*, v. 82, n. 2, p. 35-63, abr./jun, 1990. (Conferência proferida em 27 de maio de 1978.)

FOURNIER, V.; GREY, C. Na hora da crítica: condições e perspectivas para estudos críticos de gestão. *Revista de Administração de Empresas*, São Paulo, v. 46, n. 1, p. 71-86, 2006.

FRANÇA, C. Contribuição de Guerreiro Ramos para o estudo de administração pública (Segundo Painel. Simpósio Guerreiro Ramos: resgatando uma obra). *Revista de Administração Pública*, v. 17, n. 2, p. 36-45, abr./jun. 1983.

FREITAG, B. *A teoria crítica*. Ontem e hoje. 5. ed. São Paulo: Brasiliense, 2004.

GARCIA, R. Contribuição de Guerreiro Ramos para a sociologia brasileira. *Revista de Administração Pública*, v. 17, n. 2, p. 9-34, abr./jun. 1983.

GILES, T. R. *História do existencialismo e da fenomenologia*. São Paulo: Editora Pedagógica e Universitária, 1989.

GONZÁLEZ-REY, F. L. *Sujeito e subjetividade:* uma aproximação histórico-cultural. São Paulo: Pioneira Thomson Learning, 2003.

GRAEBER, D. The new anarchists. *New Left*, n. 13, p. 61-73, jan./fev. 2002.

GUERREIRO RAMOS, A. *Cartilha brasileira do aprendiz de sociólogo:* prefácio a uma sociologia nacional. Rio de Janeiro: Cândido Mendes Júnior, 1954.

_____. *Mito e realidade da revolução brasileira*. Rio de Janeiro: Zahar, 1963.

_____. *A redução sociológica*. Introdução ao estudo da razão sociológica. 2. ed. Rio de Janeiro: Tempo Brasileiro, 1965.

_____. A modernização em nova perspectiva: em busca do modelo da possibilidade. *Revista de Administração Pública*, v. 1, n. 2, p. 7-44, 2º sem. 1967.

_____. Models of man and administrative theory. *Public Administration Review*, v. 32, n. 3, p. 241-246, maio/jun. 1972.

GUERREIRO RAMOS, A. A teoria administrativa e a utilização inadequada de conceitos. *Revista de Administração Pública*, v. 7, n. 3, p. 5-17, jul./set. 1973.

_____. Theory of social system delimitation, a preliminary statement. *Administration & Society*, v. 8, n. 2, p. 249-272, 1976.

GUERREIRO RAMOS, A. *Administração e contexto brasileiro*. Elementos de uma sociologia especial da administração. 2. ed. Rio de Janeiro: Editora FGV, 1983. (Título da primeira edição de 1966: *Administração e a estratégia do desenvolvimento*. Elementos de uma sociologia especial da administração.)

_____. *A nova ciência das organizações:* uma reconceituação da riqueza das nações. 2. ed. Rio de Janeiro: Editora FGV, 1989.

_____. *Introdução crítica à sociologia brasileira*. 2. ed. Rio de Janeiro: UFRJ, 1995.

GUTIERREZ, G. L.; FREITAS, M. E.; CATANI, A. M. Em busca da organização democrática: a trajetória de Ramon Moreira Garcia. *Revista de Administração de Empresas*, v. 44, n. 2, p. 109-113, 2004.

HABERMAS, J. *Teoría de la acción comunicativa*. Racionalidad de la acción y racionalización social. Madri: Taurus, 1988.

_____. *O discurso filosófico da modernidade*. Lisboa: Dom Quixote, 1990.

HARDT, M.; NEGRI, A. *O trabalho de Dionísio*. Juiz de Fora: UFJF, 2004.

HARDY, C.; CLEGG, S. R. Alguns ousam chamá-lo de poder. In: CLEGG, S. et al. (orgs.). *Handbook de estudos organizacionais*. Reflexões e novas direções. v. II. São Paulo: Atlas, 2001.

HARVEY, D. *Condição pós-moderna*. 6. ed. São Paulo: Loyola, 1992.

HASSARD, J. From labor process theory to critical management studies. *Administrative Theory & Praxis*, v. 23, n. 3, p. 339-362, 2001.

JAMESON, F. *Pós-modernismo*. A lógica cultural do capitalismo tardio. 2. ed. São Paulo: Ática, 1997.

JAROS, S. J. Marxian critiques of Thompson's (1990) "core" labour process theory: an evaluation and extension. *Ephemera*, v. 5, n. 1, p. 5-25, 2005.

KNIGHTS, D. *Hanging out the dirty washing: labour proces theory in the age of desconstruction*. Paper presented at 13th Labour Process Conference, Blackpool, 1995.

KNIGHTS, D.; WILLMOTT, H. *Labour process theory*. Londres: Macmillan, 1990.

KONDER, L. *O que é dialética?* 28. ed. São Paulo: Brasiliense, 1997. (Coleção Primeiros Passos)

LEVAL, G. Concepções construtivas do socialismo libertário. In: LEVAL, G.; BERTHIER, R.; MINTZ, F. *Autogestão e anarquismo*. São Paulo: Imaginário, 2002.

LITTLER, C. *The labour process in capitalist societies*. Londres: Tavistock, 1982.

LOUREIRO, I. (org.). *Herbert Marcuse*. A grande recusa hoje. Petrópolis: Vozes, 1999.

LUIZETTO, F. *Utopias anarquistas*. São Paulo: Brasiliense, 1987.

LYOTARD, J. F. *A condição pós-moderna*. 7. ed. Rio de Janeiro: José Olympio, 2002.

MARCUSE, H. *Eros e civilização*. Uma interpretação filosófica do pensamento de Freud. Rio de Janeiro: LTC, 1999a.

MARCUSE, H. Reflexões sobre Theodor Adorno. In: LOUREIRO, I. (org.). *Herbert Marcuse*. A grande recusa hoje. Petrópolis: Vozes, 1999b.

MARX, K. *Manuscritos econômico-filosóficos*. São Paulo: Boitempo, 2004.

MISOCZKY, M. C.; AMANTINO-DE-ANDRADE, J. Uma crítica à crítica domesticada nos estudos organizacionais. *Revista de Administração Contemporânea*, v. 9, n. 1, p. 193-211, jan./mar. 2005a.

_____. Tréplica: quem tem medo do fazer acadêmico como práxis? *Revista de Administração Contemporânea*, v. 9, n. 1, p. 239-245, jan./mar. 2005b.

MOTTA, L. E. O Iseb no banco dos réus. *Comum*, v. 5, n. 15, p. 119-145, ago./dez. 2000.

NEWMAN, S. The Politics of Postanarchism. *Institute for anarchist studies*, 23.07.2003. Disponível em: <http://www.anarchist-studies.org/article/articleprint/1/-1/1/>. Acesso em: 29 set. 2005.

O'DOHERTY, D.; WILLMOTT, H. The question of subjectivity and the labour process. *International studies of management and organization*, v. 30, p. 112-131, 2001.

OLIVEIRA, L. L. *A sociologia do guerreiro*. Rio de Janeiro: UFRJ, 1995.

PAES DE PAULA, A. P. Tragtenberg revisitado: as inexoráveis harmonias administrativas e a burocracia flexível. *Revista de Administração Pública*, Rio de Janeiro, v. 36, n. 1, p. 127-144, jan./fev. 2002.

PAGÈS, M. *A vida afetiva dos grupos:* esboço de uma teoria da relação humana. Petrópolis: Vozes; São Paulo: Edusp, 1976.

_____. *O poder das organizações*. A dominação das multinacionais sobre os indivíduos. São Paulo: Atlas, 1987.

PARKER, M. Life after Jean-François. In: HASSARD, J.; PARKER, M. *Postmodernism and organizations*. Londres: Sage, 1993.

PARKER, M. Critique in the name of what? Postmodernism and critical approaches to organization. *Organization Studies*, v. 16, n. 4, p. 553-564, 1995.

_____. Capitalism, subjectivity and ethics: debating labour process analysis. *Organization Studies*, v. 20, n. 1, p. 25-45, 1999.

_____. Fucking management: queer, theory and reflexivity. *Ephemera*, v. 1, n. 1, p. 36-53, 2001.

_____. *Against management*: organization in the age of managerialism. Cambridge: Polity Press; Blackwell Publishers, 2002.

_____. Stockholm syndrome. *Management Learning*, v. 37, n. 1, p. 39-41, 2006.

PETERS, M. *Pós-estruturalismo e filosofia da diferença*. Uma introdução. Belo Horizonte: Autêntica, 2000.

PRESTES MOTTA, F. C. *Burocracia e autogestão:* a proposta de Proudhon. São Paulo: Brasiliense, 1981.

_____. *Participação e co-gestão*. Novas formas de administração. São Paulo: Brasiliense, 1984.

_____. *Organização e poder*: empresa, Estado e escola. São Paulo: Atlas, 1986a.

_____. *Teoria das organizações*: evolução e crítica. São Paulo: Pioneira, 1986b.

_____. Maurício Tragtenberg: desvendando ideologias. *Revista de Administração de Empresas*, v. 41, n. 3, p. 64-68, jul./set. 2001.

PRESTES MOTTA, F. C.; ALCADIPANI, R. O pensamento de Michel Foucault na teoria das organizações. In: In: *Enanpad*, n. 27, 2003, Atibaia, SP. *Anais...* Rio de Janeiro: Anpad, 2003. 1 CD-ROM.

PRESTES MOTTA, F. C.; FREITAS, M. E. *Vida psíquica e organização*. Rio de Janeiro: Editora FGV, 2000.

REED, M. Teorização Organizacional: um campo historicamente contestado. In: CLEGG, S. et al. (orgs.). *Handbook de estudos organizacionais*. Modelos de análise e novas questões em estudos organizacionais. v. I. São Paulo: Atlas, 1998.

SALAMAN, G. *Work organizations, resistance and control*. Londres: Longman, 1979.

SALAMAN, G.; THOMPSON, P. *Control and ideology in organization*. Milton Keyens: Open University Press, 1980.

SARTRE, J.-P. Crítica da razão dialética. In: SARTRE, J.-P. *Crítica da razão dialética*. Rio de Janeiro: DP&A, 2002a.

_____. Questões do método. In: SARTRE, J.-P. *Crítica da razão dialética*. Rio de Janeiro: DP&A, 2002b.

_____. *O ser e o nada*. Ensaio de ontologia fenomenológica. Petrópolis: Vozes, 2005.

SCHWARTZMAN, S. Contribuição de Guerreiro Ramos para a sociologia brasileira. *Revista de Administração Pública*, v. 17, n. 2, p. 9-34, abr./jun. 1983.

SEGNINI, L. R. P. Maurício Tragtenberg, um intelectual intransigente, um amigo generoso. In: SILVA, D. A.; MARRACH, S. A. *Maurício Tragtenberg*: uma vida para as ciências humanas. São Paulo: Unesp/Fapesp, 2001.

SERVA, M. *Racionalidade e organizações*. O fenômeno das organizações substantivas. 1996. 2v. São Paulo, 1996. Tese (Doutorado em Administração de Empresas) – Escola de Administração de Empresas da Fundação Getúlio Vargas.

SILVA, A. O. *Maurício Tragtenberg e a pedagogia libertária*. São Paulo, 2004. 226p. São Paulo, 2004. Tese (Doutorado em Educação) – Faculdade de Educação, Universidade de São Paulo.

SILVERMAN, D. *The theory of organizations*: a sociological framework. Londres: Heinemann, 1971.

SMITH, C.; THOMPSON, P. When Harry met Sally... and Hugh and David and Andy: a reflection on ten years of the labour process conference. Paper presented at the 10th Labour Process Conference, Aston, 1992.

STEFFY, B.; GRIMMES, A. A critical theory of organization science. *Academy of Management Review*, v. 11, p. 322-336, 1985.

TENÓRIO, F. G. Superando a ingenuidade: minha dívida a Guerreiro Ramos. *Revista de Administração Pública*, v. 31, n. 5, p. 29-44, set./out. 1997.

_____. *Flexibilização organizacional*: mito ou realidade? Rio de Janeiro: Editora FGV, 2000.

TOLEDO, C. N. *Iseb: fábrica de ideologias*. São Paulo: Ática, 1982.

THOMPSON, P.; ACKROYD, S. All quiet on the workplace front? A critique of recent trends in British Industrial Sociology. *Sociology*, v. 29, n. 4, p. 615-633, 1995.

TRAGTENBERG, M. *Planificação*: desafio do século XIX. São Paulo: Senzala, 1956.

_____. *Burocracia e ideologia*. São Paulo: Ática, 1974.

_____. Max Weber e a revolução russa. *Estudos Cebrap*, n. 18, p. 45-70, out./nov./dez. 1976.

TRAGTENBERG, M. *A delinqüência acadêmica*: o poder sem saber e o saber sem poder. São Paulo: Rumo Gráfica, 1979.

_____. *Administração, poder e ideologia*. São Paulo: Moraes, 1980a.

TRAGTENBERG, M. Lages, a cidade onde o povo tem o poder. *Folha de S.Paulo*, 26.12.1980b.

_____. *Marxismo heterodoxo*. São Paulo: Brasiliense, 1981a.

_____. Criada a comissão de fábrica da Asama. *Notícias Populares*, 10.01.1981b.

_____. Costureiras mostram que cooperativismo pode ser possível. *Folha de S.Paulo*, 10.01.1981c.

_____. Administração comunitária ressuscitou Boa Esperança. *Folha de S.Paulo*, 04.01.1981d.

_____. Organização popular, a saída lúcida. *Folha de S.Paulo*, 15.03.1981f.

_____. Administración Participativa em Brasil: Lages y Boa Esperança. *Revista Interamericana de Planificación*, n. 63-64, p. 245-258, set./dez. 1982.

_____. Marx/Bakunin: ou marxismo e anarquismo. *Revista Educação & Sociedade*, n. 23, p. 84-103, abr. 1986a.

_____. *Reflexões sobre o socialismo*. São Paulo: Moderna, 1986b.

_____. *Kropotkin*. Textos escolhidos. Porto Alegre: L&PM, 1987.

_____. Rosa Luxemburgo e a crítica dos fenômenos burocráticos. In: LOUREIRO, I. M.; VIGEVANI, T. *Rosa Luxemburgo: a recusa da alienação*. São Paulo: Editora da Unesp, 1991.

VALVERDE, A. J. R. A inteligência do orientador. *Revista de Administração de Empresas*, v. 41, n. 3, p. 60-63, jul./set. 2001.

VENTRISS, C.; CANDLER, G. G. Alberto Guerreiro Ramos, 20 years later: a new science still unrealized in an era of public cynicism and theoretical ambivalence. *Public Administration Review*, v. 65, n. 3, p. 347-357, maio/jun. 2005.

VERGARA, S. C.; CALDAS, M. P. Paradigma interpretacionista: a busca da superação do objetivismo funcionalista nos anos 1980 a 1990. *Revista de Administração de Empresas*, São Paulo, v. 45, n. 4, p. 66-72, out./dez. 2005.

VERGARA, S. C.; PINTO, M. C. S. Referências teóricas em análise organizacional: um estudo das nacionalidades dos autores referenciados na literatura brasileira. *Revista de Administração Contemporânea*, v. 5, edição especial, p. 103-121, 2001.

VIANA, N. *Marxismo e Anarquismo: a anticrítica*. Disponível em: <http://www.midiaindependente.org/en/red/2002/06/29608.shtml>. Acesso em: 29 set. 2005.

VIEIRA, M. M. F.; CALDAS, M. P. Teoria crítica e pós-modernismo: principais alternativas à hegemonia funcionalista. *Revista de Administração de Empresas*, v. 46, n. 1, p. 59-70, jan./mar. 2006.

WEICK, K. *The social psychology of organizing*. Reading, MA: Addison-Wesley, 1969.

WILLMOTT, H. Images and ideal of managerial work. *Journal of Management Studies*, v. 21, n. 3, p. 349-368, 1984.

_____. Studying managerial work: a critique and a proposal. *Journal of Management Studies*, v. 24, n. 3, p. 249-270, 1987.

_____. *From bravermania to achizophrenia: the dis(is/ec)cased condition of subjectivity in labour process theory*. Paper presented at 13th Labour Process Conference, Blackpool, 1995.

_____. Pushing at an open door: mystifying the CMS Manisfesto. *Management Learning*, v. 37, n. 1, p. 33-37, 2006.

WOODCOCK, G. *História das idéias e movimentos anarquistas*. v. 1 e 2. Porto Alegre: L&PM, 2002.

Coleção Debates em Administração

Ensino e Pesquisa em Administração
Carlos Osmar Bertero

Teoria da Decisão
Luiz Flavio Autran Monteiro Gomes

Organizações em Aprendizagem
*Isabella F. Gouveia de Vasconcelos
e André Ofenhejm Mascarenhas*

Gestão da Inovação Tecnológica
Tales Andreassi

Cultura Organizacional
Maria Ester de Freitas

Negócios Internacionais
Ana Lucia Guedes

O Poder nas Organizações
*Cristina Amélia Carvalho
e Marcelo Falcão Vieira*

Empreendedorismo
Marcelo Marinho Aidar

Estratégia Internacional da Empresa
Fábio Luiz Mariotto

Uso de Casos no Ensino de Administração
*Roberto Fachin, Betânia Tanure de Barros e
Roberto Gonzalez Duarte*